오직 90년대생을 위한

이기적인 팀장 사용 설명서

The Boss Manual
for 90s

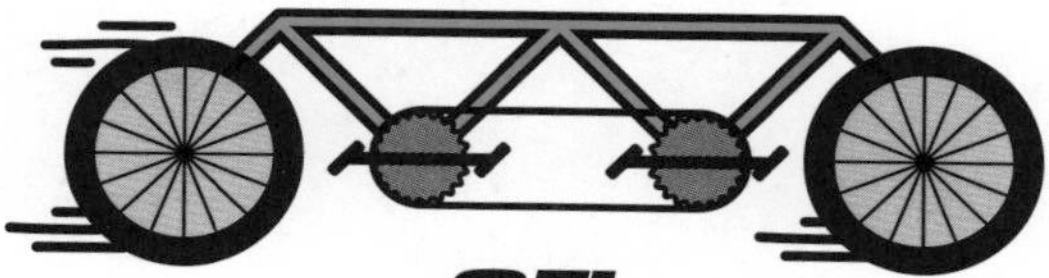

오직 90년대생을 위한 이기적인 팀장 사용 설명서

박중근 지음

EBS BOOKS

CONTENTS

프롤로그

친애하는 90년대생에게

"그런 상사라면 당장 고발하세요."

"그런 직장이라면 미래가 없어요. 그만두는 게 좋아요."

직장인들이 주로 이용하는 인터넷 익명 커뮤니티에는 직장생활의 어려운 점이나, 상사나 회사로부터 받은 부당한 일, 미래를 향한 고민 등이 넘쳐난다. 이런 글들에 누군가는 자신의 경험을 공유하고 누군가는 함께 실컷 욕해주며 각자의 방식으로 위로를 전하는 듯하다.

하지만 안타까운 것은 이런 글의 상당수는 분노에 가득 차 있다는 것이다. 문제를 해결할 방법을 진지하게 제시하기보다는 감정을 쏟아낼 때가 많고, 뚜렷한 대안 없이 회사는 많고 많으니 그만두라거나, 그런 회사는 미래가 없다거나 하는 말을 거침없이 쏟아낸다. 자신은 그렇게 못했지만 당신만은 꼭 그렇게 하라고 응원 아닌 응원을 보내기도 한다. 가끔 실질적인 방안을 제시하는 사람이 나타나면, '꼰대'라거나 '회사생활 안 해본 사람'으로 몰아붙이며 귀담아들으려 하지 않는다. 정말 사람들은 이런 '분노의 말'에 위로를 받고 있는 걸까?

'밀레니얼 세대'라고 불리는 지금의 세대는 확실히 이전 세대보다 사회에 진출하는 문이 좁아졌다. 이들은 한 조직의 구성원이 되기 위해 갖은 애를 쓰며 몸부림을 치고 있다. 선배로서 안쓰럽고 미안하다. 인구 절벽의 이 시기를 지나 대략 10년 후에는 상당히 다른 모습이 전개되기도 하겠지만, 당장 사회로 나가야 하는 지금 세대에게는 먼 이야기일 뿐이다. 게다가 이렇게 어렵게 시작한 조직생활에서 상처받고 방황하면서 어찌할 줄 모르는 모습은 더 안타깝기만 하다.

같은 실수를 반복하는 것은 비생산적인 일이다. 아무도 걷지 않은 길을 걸으며 시행착오를 겪는 것은 어쩔 수 없다. 하지만 무수한 사람들이 이미 경험했고 수많은 노하우가 쌓여 있는데, 미처 그것을 모르고 혼자서 좌충우돌하는 것은 아무래도 어리석다. 좀 더 나은 방법을 고민하지 않은 당사자의 게으름 탓이고, 알고도 모른 척한 선배의 직무유기 때문일 것이다. 그래서 나는 '꼰대'니, '라떼'니 하는 소리를 들을지라도 나의 노하우를 후배들과 나누고 싶다.

• • •

나는 조직 발전을 위한 컨설팅을 주로 하는데, 그중에서도 가장 관심 있는 분야가 젊은 세대 코칭이다. 그러다 보니 많은 시간을 1980~1990년대생들과 보내게 된다. 의외일지 모르지만 그들은 공식적인 자리 외에도 몰래몰래 나를 찾아온다. 문을 열고 회의실로 들어오는 그들의 얼굴엔 벌써 그늘이 가득하다.

"코치님 어떻게 살아야 하는 걸까요?"
"제가 원했던 일이 아닌 것 같아요."
"매년 이직하다 보니, 친구들은 과장인데 전 아직 사원입니다. 제가 뭘 잘못한 걸까요?"
"상사와 너무 안 맞아요."
"정직원이 되고 싶은데 지금 여기서는 안 되겠죠?"

본인들의 상사에게는 쉽게 꺼내지 못하는 이야기를 코치인 나에게는 숨김없이 말한다. 나 역시 그들의 고민에 적잖이 감정이입을 하게 된다. 나의 세대도, 또 나의 이전 세대도 어떻게 조직에 더 필요한 사람이 될까? 상사에게 더 좋은 평가를 받는 법은 무엇일까? 더 중요한 일을 맡을 수 있는 방법은 없을까? 하는 고민을 했다. 가끔은 '나는 왜 살아야 하는 걸까?' 같은 존재론적 고민을 붙들고 동료들과 토론 아닌 토론을 벌이기도 했다. 지금의 세대와 다른 점이 있다면, 과거에는 지금보다는 선배들과의 교류가 더 활발했고, 그들과 고민을 나누며 함께 해결해가려고 했다는 점이다. 하지만 이제 그런 시대는 막을 내린 듯하다.

밀레니얼 세대는 선배에게 꼰대와 라떼라는 이름으로 재갈을 물리고, 선배들은 밀레니얼 세대를 자기만 아는 이기적인 세대라고 몰아붙이며 서로 마주보기를 거부하고 있다. 궤도를 수정하지 않는다면, 피를 철철 흘리며 상처를 주고받는 이 비극은 앞으로도 계속될 것만 같다.

그래서 밀레니얼 세대에게 나는 말해주고 싶다. 선배들을 영리하게 이용하라고. 당신의 스마트함을 선배와 공유하고, 그들의 노하우를 얻으라고. 남보다 성공의 시간을 앞당기고 싶다면, 이미 그 길을 걸어간 선배를 두 눈 부릅

뜨고 관찰해보라고 말이다. 분명히 그들은 당신의 생각보다 많은 것을 알고 있고, 당신을 괴롭히고 있는 숱한 고민에 대한 답이 이미 그들 안에 있다.

엄청난 지식이 매순간 생산되고 소비되는 시대에는 빠른 변화에 적응하고 지식을 습득하는 것만이 중요한 것처럼 보일 수 있다. 하지만 이전에도 그랬고 지금도 여전히 우리에게 필요한 것은 '지혜'다. 지혜는 경험으로부터 오며, 정보의 바다에서 쓸모 있는 지식을 건져내는 요긴한 도구이다. 그리고 정보 지식을 지혜로 나눈 값이 바로 '최적의 생산성'이다.

$$\frac{\text{knowledge}}{\text{wisdom}} = \text{optimal productivity}$$

지금부터 조직에서 지혜를 찾는 여정을 함께 떠나보자. 조직의 모든 구성 요소를 최대한 활용할 수 있는 지혜를 갖춘 자가 더 많은 기회와 가능성이라는 성공의 골드티켓을 손에 쥘 수 있다.

제1부

Point of View

화살이 과녁을 빗어난 것은 바람 탓이 아니다

The Boss Manual
for 90s

꼰대는
어떻게 탄생하는가

●●● 호기심이 고양이를 죽였다?

"호기심이 고양이를 죽였다"라는 속담이 있다. 지나친 호기심은 화를 부르니 쓸데없는 관심은 보이지 말라는 서양인들의 경계다.

하지만 영국의 저명한 비평가 존 러스킨(John Ruskin)의 말처럼 호기심이 "금지된 문을 열려고 하는 어린아이나 주인의 일을 들여다보려는 하녀와 같은 시시한 호기심"인 것만은 아니다. "위험을 무릅쓰고 사막 너머의 강줄기를, 저 망망대해 건너 대륙을 찾는 고귀한 호기심"도 있다. 새로움을 구하는 것은 호기심이고, 낡은 것에 안주하는 것은 버릇이다.

사실 지나친 호기심과 관심으로 타인의 일에 관여하면 관계에 지장을 초래할 수도 있다. 한국 사회도 이런 면에서는 점점 개인화되는 느낌을 지울 수 없다. 이웃집에 숟가락 젓가락이 몇 개인지 속속들이 알던 시대, 그리고 그런 관계를 정이 있는 사이라 여기던 시대는 역사 속으로 사라진 지 오래다. 오히려 적절한 거리 두기야말로 좋은 관계의 필수 요소가 되어가고 있다.

어린 시절부터 호기심 천국이었던 나로서는 불편한 구석이 많다. 나는 어머니의 등에 업혀 길을 갈 때도 이 집 저 집에서 풍기는 냄새 하나하나에 관심이 많았고, 남의 집에 가면 그 집의 모든 서랍을 다 열어보고 냉장고를 열어보는 유난스런 아이였다고 한다. 하지만 나는 어린 시절 키우던 고양이를 죽이지는 않았다.

●●● 꼰대의 탄생 설화

어린아이는 엄마의 등에 업혀서도 계속 질문한다. “엄마, 이거 뭐야?” 귀찮을 정도로 계속해서 질문한다. 말문이 터

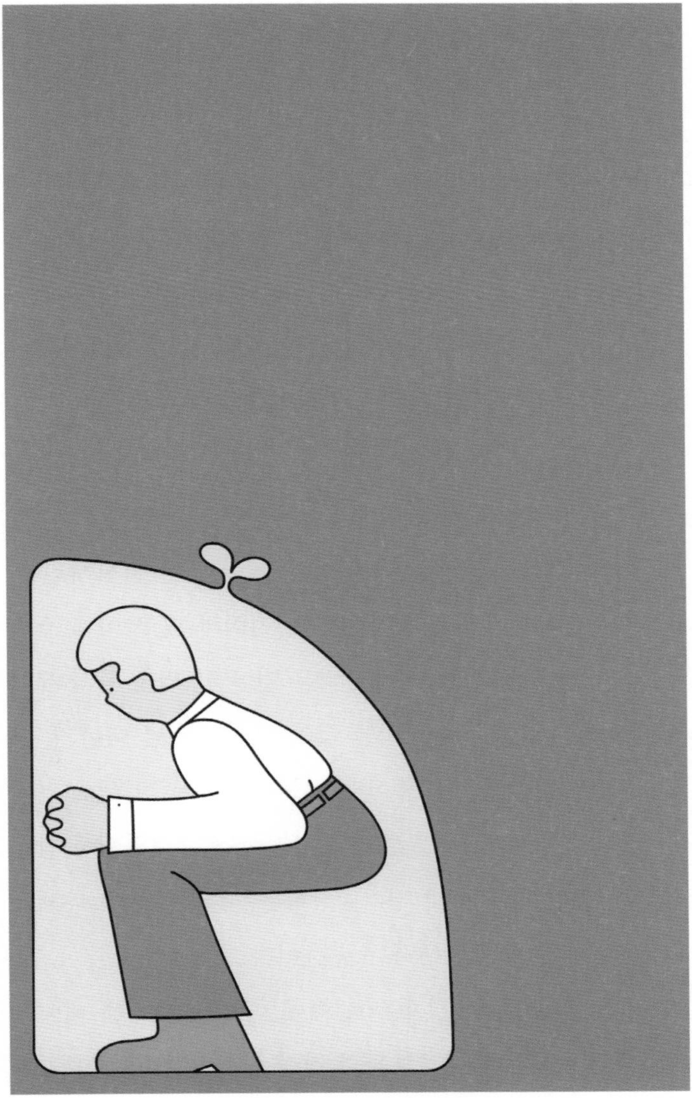

지면서 세상 모든 것이 더 궁금하다. 이렇게 아이는 언어라는 도구를 획득한 후, 궁금함을 묻고 그 답을 얻으며 세상을 알아나간다.

호기심을 통해 인간은 끊임없이 지식을 채워나가고 성장한다. 그런데 중·고등학생이 되면 차츰 궁금한 것을 묻지 않고 혼자 해결해나가기 시작한다. 수업이 끝날 때쯤 질문하는 친구는 짜증 유발자가 되고 만다. 그렇게 아이들의 입은 굳게 닫힌 교문처럼 점점 더 무거워진다.

나이가 더 들면 궁금한 것은 점점 줄어들고, 뭔가를 알기 위해 노력하는 것 자체가 귀찮아진다. 상대적으로 젊은 사람들이 환호하는 인물과 현상과 물건 들이 시시해진다. 그렇게 세상에서 새롭게 생겨나는 지식과 나 사이에 스스로 담을 쌓아 올리고, 지금껏 쌓은 얼마 안 되는 앎의 세계에 갇히게 된다. 새로 경험한 것이 없으니 지난 이야기, 나의 사적인 경험만을 되풀이해서 이야기하게 된다. 그러면서 생각은 굳어가고, 그 생각은 고집이 된다. 더 이상 남의 생각은 중요하지 않게 된다. 경청은 점점 어려운 과제가 되어간다. '꼰대'가 탄생하는 순간이다.

이는 1960년대에서 1970년대에 이르는 시기에 태어난 사람들, 다시 말해 여러분들의 직장 상사에 관한 이야기는 아니다. 단언컨대 꼰대는 나이와 무관하다. 더 이상 새로운 것에 호기심을 품지 않고, 타인의 말에 귀 기울이지 않으며, 내 생각만이 옳다고 생각하고 있다면, 누구나 이미 꼰대다. 그저 20대, 30대라고 해서 꼰대가 아닌 것은 아니다. 꼰대는 호기심이 사라진 자리에서 싹을 틔운다. 꼰대는 그렇게 탄생한다.

●●● 호기심 천국 박 과장

2001년 10월에 독일의 스포츠 용품 기업 아디다스(adidas)에 신발 팀 팀장으로 입사한 박 과장은 신발을 보면서 의문을 품게 되었다.

'왜 모든 신발에 태그(tag)가 이렇게 많이 달려 있을까? 소비자는 사자마자 읽지도 않고 뜯어버리는 것인데, 이 태그는 정말 모두 필요한 것일까? 꼭 이렇게 해야만 하는 것일까? 누가 이렇게 결정한 것인가?' 이 의문들을 하나씩 파헤쳐보기 시작했다. 일단 팀원들에게 물어보았다. '그냥 원래'부터 있어서 그것에 대해 생각해보지 않았다고 한다. 태그를 발주하는 구매 부서에 문의해보았다. 역시 '그냥 원래'부터 그렇게 해왔다고 한다. 그는 다시 질문했다.

"이거 제가 바꾸어도 될까요?"

"글쎄, 뭐…."

구매부와 회의를 끝내고 자리에 돌아와서 A4 용지 한 장과 자를 꺼내 들었다. 다섯 장이나 되는 낱개의 태그를 모두 놓고서 분석한 뒤 그것을 한 장으로 집약하는 작업을 시작했다. 결국 그날 태그는 한 장으로 완성되었고 구매부를 통해서 발주가 진행됐다.

그런데 나중에 태그를 인쇄하는 거래처 실장님과 이야기를 하는데, 갑자기 박 과장을 원망하는 소리를 하는 것이 아닌가. 신발 한 족당 태그 납품비가 15원이 줄었다고. 15원이면 20년 전에도 껌 하나 사지 못하는 금액이지만 산수를 해보면 알 것이다. 이 한 족당 15원이란 금액을 전체 진행 신발 족 수와 곱셈하면 얼마나 커지는지를. 그것도 한두 해가 아니라 수십 년이라면. 작은 호기심이 회사에 얼마나 큰 이익을 가져올 수 있는지.

원래부터 그렇게 해왔다는 말처럼 박 과장을 자극하는 말은 없었다. 박 과장은《하버드 비즈니스 리뷰(HBR)》에 실렸던 "모든 성공에도 개선할 점이 있다(Every success demands improvement)"는 말을 무척 사랑한다.

●●● 틀린 질문은 없다

직장 선배들은 박 과장이 하는 질문을 별로 달가워하지 않았다. 그들은 이렇게 생각했던 듯하다. '그냥 시키는 대로 하면 될 텐데, 왜 질문을 하고 굳이 일을 만드는가?' 한국의 조직은 눈치가 없는 직원을 참 싫어한다. 능력이 없는 사람보다, 성실하지 않은 사람보다, 눈치가 없는 사람을 더 싫어한다. 한국 조직에서 호기심은 매우 불편한 요소임에 틀림없다.

대학 강의를 처음 시작한 3년 전 〈글로벌커뮤니케이션〉이란 수업에서 학생들과 나눴던 이야기다. 수업 중은 물론이고 수업이 끝나고도 질문이 하나도 없었다. 나는 답답해서 학생들에게 이렇게 말했다.

"여러 다국적 회사에서 거의 대부분의 경우 한국의 회사들이 좋은 실적을 내는데도 불구하고, 글로벌 본사로 진출하는 수가 다른 나라에 비해 적은 이유가 무얼까요?"

"…."

"전 세계 조직이 모이는 글로벌 미팅을 하면 절대 질문을 던지지 않는 두 나라가 있는데 어느 나라일까요?"

"(머뭇머뭇하지만 앞 질문에서 힌트를 얻었다) 한국…이요."

"다른 한 나라는?"

"(왠지 자신감 있게) 일본!"

그렇다. 내가 경험한 20년 이상의 글로벌 미팅에서 질문하지 않는 나라는 한국과 일본이다. 변함없이 우정이 넘치는 두 나라. 영어나 다른 외국어 실력이 상대적으로 부족해서일 수도 있겠지만, 그런 점에서라면 중국도 비슷하다. 그런데 중국은 한국과 일본과 달리 질문을 많이 한다. 동유럽 국가들도 따지고 들면 언어 면에서는 비슷한 실정이라고 할 수 있는데, 그들 역시도 한국과 일본 같지 않다. 글로벌 미팅에 임하는 한국 직원들의 태도를 극단적으로 표현해보면 이럴지도 모르겠다.

한국인: 질문은 무슨 질문. 다 아는데. (질문하는 타국 직원들을 보면서) 저 사람들은 왜 저런 쓸데없는 질문을 하는 거지? 점심 먹을 한국 식당이나 찾아보자.

글로벌 미팅에서 질문을 하지 않으면 존재감이 없다. 질문을 할 때 보통 소속과 이름을 밝힌다. 그것만으로도

홍보 효과를 누릴 수 있다. 질문 사항이 정 없다면, 혹은 질문이 다소 부담스럽다면 이렇게 시도해보는 것도 좋겠다. 상대의 발표 내용이 좋았다거나, 앞선 질문 덕에 많이 배웠다는 말과 함께 자기의 의견을 더해보는 것이다.

질문하라. 틀린 질문은 없다. 질문이 없다면, 당신의 이야기를 잘 들었다, 어떠어떠한 점이 참 좋았다, 하는 식의 정리라도 하자. 질문을 하려고 애쓰면 사고는 더 정리되고 확장된다.

뛰어난 역량을 고루 갖추고도 질문하는 능력이 없어서 자신의 가치를 제대로 평가받지 못하는 건 안타깝기 짝이 없는 일이다.

●●● 호기심을 조장하라

여러분이 조직의 어느 위치에 있든 호기심을 권장하는 문화를 만들라. 높은 직급이라면 팀원이 질문하게 하라. 그리고 항상 강조하라. 틀린 질문은 없음을.

이제 회사생활을 처음 시작하거나 2~3년 차라면 이렇게 질문을 해보자. "제가 잘 몰라서 그러는데…. 지난번에도 말씀해주신 것 같은데…." 답을 얻으면 상대에게 감사를 표하는 것을 잊지 말라. 그리고 반드시 그 답을 기록하자.

호기심은 무한 재생되는 친환경 에너지다. 그중에서도 바람과 닮았다. 얼핏 원자력, 화력, 수력보다 약해 보이고 누군가가 눈치를 주면 그것이 장벽이 되어 금방 사라져버릴 수도 있다. 하지만 고갈되지 않는 자원이다.

노력해야 하고, 배려해야 하고, 세심해야 한다. 하던 대로 하는 관성, 대충 대충 그냥 하는 건성, 변화 앞에 게으르고 무능한 타성은 조직의 장벽이 되어 에너지의 흐름을 차단한다. 무한히 재생될 수 있는 이 멋진 호기심이란 에너지를 제발 막아서지 말아달라.

눈치, 질책, 무시 등의 장벽이 조직 내에서 점점 두꺼워지지 않도록, 그래서 꼰대라는 문화가 거대해지지 않도록.

꼰대는 나이와 무관하다.
꼰대 이야기를 할 때
부장님을 쳐다보는 실수를 범하지 말기를.

매일 매일
한 가지의 질문과 답하기

●●● 60세까지의 인생 설계하기

당신이 몇 살인지는 중요하지 않다. 어떤 직급인지 몇 년차인지도 궁금하지 않다. 하지만 당신의 꿈이 무엇인지는 너무나도 궁금하다.

나는 직장생활 중 팀장이 되기 전 6년을 제외하고 15년 이상 직원을 채용하는 직위에 있었다. 이때 면접자에게 반드시 물었던 공통 질문이 있었다.

"당신의 꿈은 무엇입니까?"

보통 채용 면접에서는 잘 묻지 않는 질문이었다. 주로 업무 관련 지식이나 그와 관련된 경험, 자신의 장단점을 묻던 시절에 조금은 색다른 질문이기도 하고 난감한 질문이기도 했을 것이다. 의외로 자신의 꿈이 무엇인지에 대해 진지하게 고민해본 사람이 많지 않기 때문이다. 나는 최종 후보로 올라온 사람에게는 미션을 부과했다.

반드시, 24시간 내로,

60세까지의 인생 계획을 설계해서 보낼 것.

꿈을 꾼다는 것, 인생 계획을 설계한다는 것은 어떤 의미가 있을까? 나는 첫 직장을 다닐 때에야 이 질문과 마주했던 거 같다. 퇴사한 선배들을 보니 하나같이 같은 코스를 밟고 있었다. 퇴사해서는 대리점을 차리는 것이다. 단 한 명의 예외도 없었다. 나는 궁금했다. 어떻게 모두가 다 대리점을 차려 나갈 수 있는가? 물론 그 당시 대리점이 잘된 건 사실이었지만 예외가 없다는 것이 무척 당황스러웠다. 다른 길은 없는 것인가? 전후 사정을 떠나서 왜 후배들에게 영감을 주는 다른 도전을 하는 선배가 한 명도 없는 걸까?

그때 나는 내 인생의 첫 설계를 시작했다. 일단 이면지를 하나 놓고 한 줄을 그었다. 내 나이 29세를 맨 왼쪽에 표시했고, 당시 일반 기업의 정년퇴직 나이인 55세를 맨 오른쪽에 표시했다. 앞으로 25년 동안의 인생 설계를 한 것이다. 몇 년 차에 대리, 과장, 차장, 부장이 될지 연도와 함께 점으로 표시했다. 미래 인생의 연대기를 만들어본 것이다. 심지어 야심차게 48세에 대표가 되겠다는 꿈도 그 한 줄에 표시했다. 더 나아가 대표를 몇 년 하고 난 뒤에는 기업교육업을 시작하겠다는 꿈도 설계했다. 대표 타이틀은 인생 2막을 제대로 시작하기 위한 퍼즐 조각의 하나였다. 이 일에 필요한 정보를 수집하고 관련 학위 자격증 취득 계획도 표시했다. 이후 계획을 보완하고 수정해나갔다. 내 삶을 스스로 통제할 수 있는 틀을 만든 것이다.

독일의 문호 괴테는 "꿈을 품고 있으면 반드시 실현할 때가 온다"라고 했다. 미리미리 앞으로의 일을 설계하면 그냥 쫓기듯 사는 것이 아니라 제법 근사한 삶을 살 수 있다. 그야말로 주체적인 삶이 가능해지는 것이다.

●●● 매일 매일 한 가지의 질문과 답 쓰기

2016년 1월 교보문고에서 손바닥만 한 크기의 다이어리

〈Q & A a day〉를 샀다. 매일 글을 쓸 수 있는 다이어리였다. 매일 한 가지의 질문이 제시되어 있고, 거기에 답하는 방식으로 구성되어 있다.

사실 다이어리라 부르기에 좀 애매한 것이, 하루 내용을 기록하는 부분이 네 줄에 불과해 일기를 쓰기에는 적당하지 않았다.

특이한 것은 또 있었다. 심지어 5년 치를 적게 되어 있었다. 5년이 지나 이 다이어리를 펼쳐보면 자연스럽게 자신의 변화를 볼 수 있게 구성된 것이다.

다이어리에 제시된 질문에 답하는 것도 좋지만 스스로 매일 한 가지씩 질문을 직접 만들고 답할 것을 추천한다. 어렵다면 일단 제시된 질문에 답하는 것부터 시작해도 괜찮다. 나는 그날부터 그 다이어리를 쓰고 있다.

· 2016년 1월 21일

Q. 창업을 한다면 어떤 일을 하고 싶은가?

A. 교육, 멘토링, 컨설팅.

재밌는 것은 나는 같은 질문을 3년째 반복하고 같은 답을 하고 있다는 것이다.

• 2016년 9월 4일

Q. 나는 5년 후에 어떤 모습일까?

A. 의심할 여지 없이 회사 대표 되기.

이때는 내가 닥터마틴(Dr. Martens)의 한국 지사장이 되기 3개월 전이었다.

• 2018년 9월 4일

Q. 나는 정년퇴직 후에 무슨 일을 하고 싶은가?

A. 유명한 비즈니스 코치 되기.

매일 질문을 적어야 한다고 해서, 그 질문이 매번 다를 필요는 없다. 한 달에도 몇 번씩 같은 질문을 반복할 수 있고, 그때마다 같은 답을 할 수도, 또는 같은 질문에 다른 답을 할 수도 있다. 누군가는 어쩌면 1년 내내 한 가지 질문에 매달릴지도 모른다. 그래도 괜찮다. 스스로 질문하고 답하는 과정에서 꿈은 구체화되고 그 실현 가능성은 높아진다. 더욱이 자신의 손으로 직접 적은 꿈이나 목표는 더 강한 추진력을 갖는다. 매일 거대한 인생 계획과 관련한 것만을 적을 필요도 없다. 때로는 '오늘 점심에는 무얼 먹을까?', '여자친구를 만나서 무엇을 할까?', '어떤 책을 읽어보면 좋을까?' 같은 일상의 소소한 계획을 적을 수도 있다.

나는 신입 시절 세운 계획대로, 사원을 거쳐 대표이사까지 역임한 뒤 퇴직했다. 현재는 기업을 대상으로 코칭과 멘토링을 진행하고 있다. 계획한 것보다 짧은 시간 내에 목표를 이루었다. 그리고 지금 내 꿈은 더 커졌다. 또다시 5년 후에는 나는 분명히 지금보다 더 멋지고 유능한 비즈니스 코치가 되어 있을 것이다.

지난 5년여 간 작성한 다이어리를 살펴보니, 나의 1년 365개의 질문에는 빠지지 않는 질문과 답이 있었다. 퇴직 후 어떤 일을 하고 싶은가 하는 질문을 끊임없이 하고 교육 관련 일에 종사하고 싶다고 계속 답하고 있었다. 나는 미처 의식하지 못했지만 나의 목표를 향해 포기하지 않고 일관성 있게 길을 걸어온 것이다.

●●● 회사에서 무슨 버킷 리스트냐고?

인생 계획. 아무래도 너무 거창하고 먼 이야기 같은가? 그럼 가장 많은 시간을 보내는 회사에서의 계획부터 생각해 보자. 지금 당신은 회사에서 이루고 싶은 버킷 리스트가 있는가? '회사에서 무슨 버킷 리스트냐' 싶겠지만, 일단 한

번 그 목록에서 출발해보자.

먼저 당신이 가진 펜 중 가장 좋은 펜을 꺼내라. 당부하건대 제발 200~300원짜리 펜으로 당신의 소중한 꿈을 적지 말기를 바란다. 이것은 내 소중한 삶을 설계해보는, 마치 종교 의식과도 같은 신성한 일이다. 입사 면접을 하러 가거나 회사를 대표해 중요한 미팅을 하러 갈 때, 혹은 친구 결혼식에 갈 때 어떤 차림을 하는가? 옷장에서 가장 멋진 의상을 고를 것이다. 최선의 자세야말로 최고의 결과를 만드는 출발점이다.

가장 좋은 펜을 골랐다면 이제 지면을 채워보자. 한 질문당 답은 세 가지를 써본다. 왜 세 가지냐고? 조금 황당할지 모르지만, 내가 15년 근무한 브랜드 아디다스가 '3'은 가장 완벽한 숫자라고 주장했다. 중요한 프레젠테이션 끝에는 반드시 전체 내용을 세 가지로 요약해야 했다. 인간의 뇌는 그 정도가 적당하다고 한다. 세 개 이상을 못 외우니까 항상 가위, 바위, 보라고 외치는 것이 아닌가.

누구나 인생에서 나름의 버킷 리스트를 가지고 있다. 어떤 사람은 그 꿈의 목록을 꼼꼼히 적어보았을 것이고, 또 어떤 이들은 머릿속에 그리고 있을 것이다.

20년 전쯤이었던 것 같다. 나는 한 가짜 뉴스에 제대로 당했다. 미국의 유명 대학에서 목표와 성취의 관계와 관련해 흥미로운 실험을 진행했다는 뉴스였다. 학창 시절 목표를 종이에 적어놓은 사람과 그렇지 않은 사람의 10~20년 후의 모습을 비교해보았더니, 손으로 적은 사람의 성과가 압도적으로 높았다는 것이었다. 나는 그 내용을 보다 더 자세히 알고 싶어서 관련 문헌을 쥐 잡듯이 찾아보았다. 하지만 허사였다. 해당 학교에서 그런 실험을 진행한 적이 없다는 것을 확인하게 되었다. 하지만 그 과정에서 자신의 목표를 기록하고 자주 상기하는 것의 힘에 대해 이미 아주 많은 성공한 사람들이 증언하고 있다는 것을 알게 되었다. 기업이 비전이나 미션을 사옥 로비나 사무실 벽에 게시하는 것도 이 때문이다.

내가 원하는 것이 있다면 바라는 데에서 머물러서는 안 된다. 모든 감각을 총동원해 그 목표를 붙잡아야 한다. 꿈은 이루기 어렵고, 어려운 만큼 휘발되어 사라라진다. 손으로 적고 눈으로 확인하고 입으로 말하며 자신의 귀에 속삭여라. 큰 꿈을 향한 첫걸음은 '내 손으로 적어보기'다.

바라는 것이 있다면 나의 모든 감각을 총동원해야 한다.
일단 나의 꿈을 손으로 직접 써볼 것!

나의 회사 생활 버킷 리스트

· · · · · · · · · · · · ·

내가 앞으로 1년 동안 회사 발전을 위해

꼭 해보고 싶은 일 3가지를 적어보자.

1. ____

2. ____

3. ____

내가 이 회사의 대표라면

지금 당장 해보고 싶은 일 3가지를 적어보자.

1. ____

2. ____

3. ____

내가 이 회사에서 올해 꼭 듣고 싶은

피드백 3가지를 적어보자.

1. ____________________

2. ____________________

3. ____________________

이 회사가 더 발전하려면 어떤 것들이 개선되거나

새롭게 시행되면 좋을지 3가지를 적어보자.

1. ____________________

2. ____________________

3. ____________________

내가 앞으로 3개월 안에

개선하고 싶은 행동 3가지를 적어보자.

1. ____________________

2. ____________________

3. ____________________

디지털 세계에 대한
위험한 착각

●●● Welcome to Metaverse!

세계는 이미 빠른 속도로 디지털화되고 있다. 한국은 다른 어떤 나라보다도 더 빠르게 고속통신망을 타고 디지털화가 가속화하고 있다. 최근 몇 년 사이 코로나19는 이런 디지털화에 더욱 속도를 더하는 모양새다. 조직의 디지털화를 이룬 일등공신은 CTO(최고기술경영자)가 아니다. 어느 날 느닷없이 등장한 코로나19가 디지털화의 최고 실력자다. 이 말은 더 이상 우스갯소리가 아니다.

소위 IT 공룡으로 불리는 기업들도, 스타트업 기업도

앞다투어 디지털 도구를 조직에 제시했다. 직접 접촉을 최소화하는 코로나 시국에 맞춰 실시간 화상 회의 기능을 제공하는 줌(Zoom), 웹엑스(Webex), 구글 미트(Google meet) 같은 도구에서 메타버스 기반의 가상 오피스 겸 화상 회의 플랫폼인 게더 타운(gather town)까지 다양한 도구가 등장하고 이미 이런 도구들은 우리의 직장생활뿐 아니라 일상에서 필수 요소가 되었다. 회사는 이런 시스템 도입을 미룰 수 없게 되었다. 가상의 근무 공간에서 일하는 것은 더 이상 미래의 일이 아니라 지금의 현실이다.

2021년 10월 세계 최대 사회관계망 서비스 기업인 페이스북은 회사명을 전격 메타(Meta)로 바꾸었다. 직장 업무도 개인의 삶도 모두 메타 공간 속에서 이루어지게 하겠다는 야심에 찬 계획을 발표했다. 물론 페이스북의 이와 같은 행보 이면에 얽힌 여러 정치적 이슈들이 있지만 그들이 내세운 목표가 현재 세계의 주된 흐름임은 부인할 수 없다.

●●● 조직의 디지털 마인드의 함정

디지털 세계는 정량과 정성이 공존하는 세상이다. 정보를 습득하고 성장을 돕는 도구일 뿐 아니라, 그 속엔 친구도 있고 문화도 있다. 참 편리하고 효율적인 도구이면서 어떨 때는 위험한 것이 되기도 한다. 특히 모든 것이 측정되고 수치화되는 회사 조직에서 디지털은 강력하고 투명한 운영 도구이다. 그것은 매우 객관적이고 공정한 도구인 것처럼 보인다. 보통 이런 디지털 도구, 디지털 세상은 나이든 세대보다는 젊은 세대에게 유리할 것이라 생각하기 쉽다. 정말 그럴까?

조직 관리가 디지털화되면 결국은 조직을 운영하는 경영진의 사고도 디지털화될 것이다. 경영진의 사고가 디지털화된다는 것은 무슨 의미일까. 그야말로 모든 것을 객관적(?)으로 측정하고 수치화해 평가한다는 것이다. 디지털 세계에서는 편리와 효율이 무엇보다 강조된다. 그런데 이런 디지털 세계에서 개인에 대한 최종 평가도 의심할 여지 없이 합리적으로 이루어질 수 있을까?

어떻게 조직을 효율적으로 운영할 것인가 하는 문제는 모든 조직의 고민이다. 팬데믹 상황은 그와 같은 생각을 더 부추긴다. 뿐만 아니라 이미 세계는 저성장의 국면으로 접어들었다. 우리나라 경제에서 제약, 반도체, 배달, 홈인테리어 같은 일부 업계를 제외한 나머지 분야는 현재 매우 심각한 상황이다. 자영업 소상공인은 말할 필요도 없다.

잘나가는 업계들도 허리띠를 졸라매기 시작했다. 엄청난 흑자를 기록하고도 명예퇴직자를 받는 금융계를 보면 알 수 있다. 이런 상황에서 조직의 효율적 운용이라는 명분은 조직 운영자에게 더할 나위 없이 좋은 구실이 된다.

9·11테러 직후 미국의 항공사들은 불과 일주일 만에 7만 명을 해고했다. 솔직히 당장 회사가 어떻게 되는 상황도 아니었다. 물론 그중에 3개 주를 운항하는 저가 항공사인 사우스웨스트(Southwest)는 직원을 지키기 위해 창업 이래 처음으로 은행에 돈을 빌리기도 했지만 말이다. 대부분의 조직은 위기 상황에서 사람보다는 조직의 안정성을 선택한다. 이럴 때면 늘 '더 많은 사람을 구하기 위해서'라는 그럴듯한 구실을 내세운다. 하지만 그들이 위기를 극복하고 회사가 이전보다 더 커졌을 때 사람도 그만큼 늘어나 있을까?

조직이 사람을 정리할 때 꺼내드는 것이 바로 디지털 마인드이다. 수치와 경향이 말해주는 차가운 증거를 무기로 들이민다. 보험사는 오래전부터 이런 디지털 마인드로 사람들을 압박했다. 보험사를 가본 사람은 알겠지만 사내 벽면에 모든 직원의 이름과 그들의 실적을 게시해두고 계속해서 업데이트한다. 실적이 뛰어난 소수의 사람도, 그렇

지 못한 사람도 모두 매일 계속되는 정량화의 압박 속에서 살고 있다. 앞으로는 사내 대형 모니터로 그리고 개인 컴퓨터의 모니터로 더 쉽게 실적을 노출할 것이다. 모든 실적이 적나라하게 노출되는 디지털 세상에 오신 여러분을 환영합니다!

●●● 재택근무의 함정

2019년 말에 시작된 팬데믹은 조직의 경영진들을 무척 당황스럽게 만들었다. 정부는 재택근무를 종용했고 아날로그 조직에 평생을 몸담아온 경영진들은 저항했다. 하지만 급속도로 확산하는 코로나는 경영진을 점점 압박해왔다. 결국 많은 기업이 재택근무를 실시했다. 그로부터 벌써 2년이 넘게 지난 지금 그동안 디지털 방식에 은근히 저항감을 가지고 있던 경영진의 마인드가 바뀌고 있다. 사원에게는 위험한 디지털 사고가 무럭무럭 자라고 있는 것이다.

첫째, 직원이 나오지 않은 사무실이 지나치게 커 보인다. 굳이 이렇게 큰 사무실을 유지할 필요가 있을까, 하는 정량적 사고가 싹튼다. 이미 일부 대기업은 기존의 공간을 줄이고, 대신에 거점 지역에 공유 오피스를 제공해 직원들이 모두 한 회사로 출근하지 않고도 업무를 볼 수 있도록 하고 있다. 간혹 해외 글로벌 기업들의 이와 같은 업무 형태를 TV나 언론 매체에서 매우 스마트(?)한 변화의 사례로 제시하기도 한다. 이런 흐름에 대해서는 아직까지 긍정 평가 일색인 듯하다. 그런데 우리가 명심해야 할 것이 있다. 한번 줄인 공간은 다시 키우기가 어렵다는 사실이다. 줄인 사무실 유지 비용은 경비의 절감으로 장부에 기록된다. 경비의 절감은 주주나 경영진이 그토록 바라는 순이익의 상승으로 이어지는 것이다. 수년 후 팬데믹이 끝났을 때, 당신이 돌아갈 공간이 남아 있을까?

둘째, 공간 유지 비용의 절감으로 일종의 새로운 수익이 발생했다. 이럴 때 경영진은 새로운 투자거리를 생각하게 된다. 하지만 현재의 산업 구조나 세계 경제의 흐름을 볼 때 새로운 투자는 사람에게로 향하지 않는다. 인재를 육성한다거나 인력을 추가로 고용하는 일은 좀처럼 일어나지 않는다. 실제 많은 기업이 인력 대상 교육을 급격히 줄이고 있다.

셋째, 경영진은 직원이 없는 사무실을 보며 생각한다. 보이지 않는 직원들, 정말 다 필요한 인력일까? 사람이 사무실에 나오지 않아도 회사 운영에 차질이 없는데 굳이 이 많은 직원을 유지할 필요가 있을까? 사람을 대체할 수 있는 시스템, 기계를 적극 고려하고 비교적 관리가 쉽고 비용이 적게 드는 외주 인력을 통해서도 운영은 가능하지 않을까 하는 생각을 하게 된다. 회사에는 그것을 관리하고 조율하는 최소의 인원만 있어도 되는 것이 아닌가. 조직이 순이익을 더 내기 위해서 가장 먼저 꺼내드는 칼이 바로 인력 구조조정과 마케팅 비용 축소이다. 판매를 위한 상품 대금을 제외하면 순이익에 가장 큰 영향력을 미치는 것은 인건비이니, 경영주들에게는 그야말로 달콤한 유혹일 수밖에 없다.

●●● 상사의 디지털화를 막아라

젊은 세대들이 조직의 디지털화를 즐기고만 있을 일이 아니다. 사무실에 나가지 않으니 보기 싫은 상사 얼굴을 마주하지 않아도 되고, 쓸데없이 회식 자리에 끌려가지 않아도 된다고 마냥 좋아할 일은 아니다. 디지털로 정량화된 평가는 정말 나의 능력을 객관적으로 드러내는가? 과연 그렇게 이루어진 평가는 공정하다고 할 수 있는가? 우리의 일은 정량화할 수 없는 부분이 훨씬 많다. 저성장의 시장에서 성과를 꾸준히 내기는 쉽지 않지만, 조직은 성과를 내지 못하면 금새 성난 눈을 부릅뜨고 당신을 노려볼 것이다.

그렇다면 경영주의 디지털 마인드에 맞서 나를 지킬 수 있는 방법은 무엇일까. 메타버스 같은 새로운 디지털 세상에 누구보다 빨리 적응하면 될까? 과연 그것이 정답일까? 아니다. 가장 중요한 열쇠는 당신의 상사에게 있다. 디지털은 행간을 이해해주지 않는다. 왜 성과를 못 내는지를 이해하려 애쓰지 않는다. 그냥 성과를 못 낸 것이다. 하지만 여러분의 상사는 그 행간을 이해해주려고 노력하는 유일한 내 편이다. 물론 상사를 내 편으로 가지고 있는 사람에게 해당하는 일이기는 하지만.

재택근무가 만연한 상황에서 관계는 화상을 통해 점점 형식적으로 돼가고 있다. 협업이 아니라 각자가 일을 거래하는 느낌이 든다. 감정을 교류하는 일이 사라지고 친밀감을 형성할 기회가 없으니 상사는 팀원에 대한 마음이 예전 같지 않다. 이전에 '우리 팀' '내 팀원' 하는 정서가 점점 사라지고 있다. 상사의 입장에서 보면, 팀원이라고 해서 굳이 자신이 그를 보호하고 이끌어야 한다는 생각이 전혀 들지 않는 것이다. 이런 상황은 몹시 위험하다. 상사가 디지털화되는 것을 막아야 한다.

●●● 자기 식구 감싼다고 욕먹은 박 부장

과거에 선배들은 자신의 팀원들을 지키기 위해서 소위 '몸을 던졌다'. 불이익을 감수하면서까지 자신의 상사에게 팀원의 장점과 능력을 적극 어필했다. 때로는 성과가 별로 없는 직원인데 너무 앞뒤 따지지 않고 보호하는 것이 아닌가 하는 생각에 불합리하다는 생각이 들기도 했다. 그런데 한편으로는 그 팀원이 부럽기도 했다. 나 역시 직장생활을 하면서 그런 경험을 한 적이 자주 있다.

직원들의 인사고과를 결정하는 자리였다. 임원 한 명과 일곱 명의 부서장이 배석해서 한 명씩 평가하고 있었고 박 부장의 순서가 되었다. 임원과 다른 부서장들이 박 부장의 직원 A를 최하점으로 줘야 한다고 했다. 박 부장은 얼굴을 붉혀가면서 항변했다. "회사가 원하는 방향으로 최선을 다해 노력했는데 왜 이런 평가를 주려고 합니까? 그렇다면 누가 이 회사를 위해서 헌신하려 들겠습니까?" 하지만 나의 항변과는 별개로 그 팀원은 최하점을 받았다. 누군가는 반드시 최하점을 받아야 하는 인사고과 시스템이 원망스러운 순간이었고 팀원을 지켜주지 못한 것이 못내 아쉬웠다. 하지만 그 팀원은 본인 업무에 열정을 잃지 않고 새로운 도전을 계속해나갔다. 상사가 자신의 노력과 진심을 알고 지지를 보내고 있다는 사실이 무엇보다 큰 동력이 되었던 것이다.

다소 고리타분하게 들릴지라도, 여전히 상사와는 아날로그적 관계를 맺어놓는 것이 무척 중요하다. 상사는 위급한 상황에서 나의 보호막이 되어줄 수 있고, 나에게 매우 중요한 정보를 줄 수 있는 유일한 창구가 되기도 한다. 과거에 선조들은 재택근무의 시대를 대비해 이런 격언을 남겼다. 멀리 있는 친척보다 이웃사촌이 낫다!

미국 MIT 대학의 토마스 앨런 교수는 '물리적 거리가 멀어지면 의사소통의 빈도는 급감하고 효율적 협업이 어려워진다'고 말했다. 이를 '앨런 커브'라고 하는데, 물리적 공간이 가까워야 그만큼 소통이 더 잘 이루어진다는 논리이다. 이것은 디지털화된 지금에도 여전히 유효한 것으로 확인되고 있다.

디지털화된 조직에서 자신을 지키고 싶다면 다음 몇 가지 질문을 스스로에게 해보고 그 답을 찾아보라.

1. 나에게는 나를 지켜줄 보호막이 있는가?

2. 회사에서 멀어져 있는 나의 안전을 확신할 수 있는가?

3. 나는 상사와 친밀한가? 그렇다면, 어떤 점에서 친밀하다 고 생각하는가?

4. 상사를 얼마나 자주 대면하는가?

5. 재택근무일에도 회사를 한 번씩 방문하고 있는가?

상사가 디지털화되는 것을 막아라.

알고 보면 상사는 당신의 최후 방어선!

상사가 의존하는 사람이 되는 리더십

●●● 아부가 아닌 권력의 속성을 파악하라

상사에게 하는 업무 보고는 누구에게든 부담스럽다. 보고 내용을 열심히 준비했다고 해도 미처 살피지 못한 부분이 있을 수 있고, 상사는 그런 점을 잘도 알아챈다. 때로는 내용과 상관없는 보고서의 양식이나 말하는 태도 때문에 다소 억울한 지적을 당할 때도 있다.

그런데 유독 상사가 별다른 지적을 하지 않는 직원이 있다. 프레젠테이션을 할 때도 아빠 미소를 장착한 채 바라보며 고개를 끄덕이기만 할 뿐 별 말이 없는 것이다. 이럴 때면 상사와 직원 사이에 친분 관계가 있는 것이 아닌가 하는 오해를 사기도 한다.

상사가 흐뭇하게 바라보고 고개를 끄덕이게 하는 직원을 조금 자세히 들여다보자. 그들에게는 공통된 특징이 있다.

1. 이런 직원은 자기 부서의 상사뿐 아니라 이미 회사 임원들에게도 알려져 있고, 신뢰를 받고 있다.
2. 보고하는 방식, 내용, 말의 속도가 보고를 받는 사람의 스타일과 매우 유사하다.
3. 의견의 불일치로 삐걱대는 시간이 있지만, 일을 추진하고 실행하는 능력이 뛰어나고 그로 인한 결과물이 대체로 탁월하다.
4. 상사가 스트레스를 받고 있는 상황을 잘 이해하고 공감하는 스타일이다.
5. 항상 상사와 주변에 안테나를 세우고 있다.

당신은 이 다섯 가지 중 몇 가지의 요소를 갖추고 있는가? 그럼 여기에 더해 다음의 질문을 가지고 자신을 점검해보자. 다음 질문이 의도하는 바를 파악하고 앞으로의 직

장생활에 적용한다면, 당신은 상사가 의존하는 사람이 되어 있을 것이다. 상사가 당신을 의존하게 되는 그 시작점을 파악해보라.

1. 당신이 제출한 보고서를 읽을 때 상사는 평온하거나 입꼬리가 살짝 올라가는가?
2. 상사가 나를 보는 표정이 다른 직원을 볼 때에 비해 특히 밝은가?
3. 자세히 설명하지 않아도 까다로운 지적 없이 넘어가는가? 반면 다른 직원한테는 일일이 캐묻는가?
4. 당신이 발표하기 시작하면 부처 미소는커녕 얼굴 미간이 찌푸려지지는 않는가?
5. 당신이 발표할 때 상사가 자꾸만 끼어들어 말을 하고 싶어 하는가?
6. 발표자인 나에게 질문하지 않고 다른 사람에게 질문하는가?
7. 나에게 질문하고는 답을 하기도 전에 본인이 답하지는 않는가?

사람은 다른 사람을 좋아하는 표정을 쉽게 숨기지 못한

다. 만약 원하는 것을 얻지 못하고 있다면 상대방의 표정에 집중해보기를 권한다. 상사가 당신에게 의존하면 은근히 귀찮을 수 있다.

때로는 적당히 하고 싶다는 생각이 들 수도 있다. 하지만 이럴 때 다시 한 번 당신이 조직에 있는 이유를 상기하라. 고성과자이거나, 혹은 고성과자이기를 꿈꾸는 당신이 에이브러햄 매슬로(Abrahm H. Maslow)가 말한 욕구의 4, 5단계를 누리기 위함이다.

매슬로는 인간의 욕구를 5단계로 제시했는데, 첫째는 생리적 욕구, 둘째는 안전의 욕구, 셋째는 사회적 소속의 욕구, 넷째는 자기 존중의 욕구, 그리고 다섯째는 자아실현의 욕구이다. 상사가 당신에게 의존하도록 만든다면, 그 의존에 응한 대가는 생각보다 클 것이다. 결코 권력에 아부하라는 것이 아니다. 권력의 속성을 들여다보는 습관을 가지라는 것이다.

●●● 승진을 거부하는 직원의 최후

요즘 젊은 세대 사이에서는 굳이 높은 직책을 맡지 않겠다는 경우가 늘어나고 있다고 한다. “저 팀장 안 할래요. 임원 싫어요. 책임지는 자리 피곤해요." 계속 팀장 자리를 강요하면 회사를 그만두겠다고 한다. 리더가 되기를 기피하는 사람이 점점 더 많아지고 있는 것이다.

그런데 이런 태도는 조직 전체를 불편하게 만든다. 조직은 되도록 규칙대로 움직여야 혼선을 피할 수 있다. 누군가가 더 큰 역할이나 책임을 맡지 않겠다고 공공연히 선언하게 되면 그런 생각은 독버섯처럼 퍼져나간다. 그렇다고 아직 자격이 되지 않는 후배에게 팀장 자리를 맡길 수도 없는 노릇이다. 또 팀장이 되기는 싫지만 비슷하게 시작한 동료가 상사가 되어 지시를 하게 되면 쉽게 티격태격하게 된다. 지휘 계통이 흔들리는 것이다.

위로 올라가야 할 사람이 올라가지 않고 정체되어 있으면 여러 가지 불편한 일이 발생한다. 그런데도 나는 상관없다고 버틴다. 하지만 그런 게 언제까지 통할 수 있을까? 조직은 큰 역할을 맡은 사람에게 큰 보상을 해주도록 시스템이 만들어져 있다. 직급에 따라 눈에 보이지 않는 상한선을 가지고 있다. 그런 상한선들을 높이고 더 나은 대우를 받으려면 공식적으로 더 큰 역할을 해야 한다.

높은 직책에는 그만큼 큰 책임도 따른다. 책임 있는 직책을 맡지 않겠다고 해서 일을 열심히 하지 않겠다는 것은 아니라고 단서를 달지만, 그와 같은 일은 조직에서 가능하지 않다. 조직을 운영하려면 누군가는 책임 있는 역할을 해야 한다. 사원으로서 아무리 능력이 뛰어나다고 할지라도 책임 있는 역할을 거부하고 조직 운영에 문제를 초래한다면 회사는 대안을 찾을 수밖에 없다.

능력만 있으면, 자기 할 일만 잘하면 문제될 것이 없다고? 그럴 리가! 의문이 들면 당신이 다니고 있는 회사에서 조사해보라.

능력과 자기 할 일의 범주는 사람마다 기준이 다르다. 모두가 그 능력을 인정하는 뛰어난 직원이 그만두면 마치 큰일이 날 것처럼 걱정하는 소리를 하지만, 회사는 잠시 주춤할 뿐 계속 전진한다. 조직은 이런 사실을 오랜 시간 학습해 터득했다.

●●● 직위별로 필요한 리더십도 다르다

아이러니하게도 너도나도 워라밸을 외치는 지금이 기회이다. 기회를 잡기 위해서는 구체적인 계획과 실천이 필요하다. 조직 내 위치별로 다른 접근법을 구사할 필요가 있다.

신입 직원이라면

무조건 연구 분석에 시간을 써야 한다. 회사에서 인정받는 선배들을 타깃으로 하라. 그들을 관찰하고 궁금한 것은 단도직입적으로 물어보라. 그저 부러워하는 것으로 그치지 마라. 그 선배들의 보고법과 양식을 빠르게 체득하라.

앞서도 말했지만 일단 보고하는 방식에 상사가 어떻게 반응하는지를 자세히 살펴야 한다. 어느 순간에 표정이 변화하는지도 간파해야 한다. 거리낌 없이 상사와 소통할 수 있어야 나의 입지가 빠르게 단단해진다.

중간 관리자라면

자신의 상사와 팀원 모두에게 리더십을 발휘해야 한다. 특히 후배들이 빠르게 성장하도록 돕는 데 반드시 시간을 써야 한다.

요즘은 조직이 사람을 최소한으로만 채용하기 때문에 중간 관리자의 일이 만만치 않게 많다. 그런데 나의 팀원이 사고라도 치면 정말 큰일이다. 요즘 친구들은 똑똑하니까 알아서 잘해서 올 거라고 믿고 방목하는 리더십은 위험하다.

후배의 성장을 돕는 연습을 하지 않으면 자신뿐 아니라 조직 전체가 위태로워진다. 반드시 세심히 관찰해야 한다. 자신이 후배였을 때 좋은 선배를 관찰했듯이 말이다. 제대로 보고하는 법도 초기에 가르쳐야 한다.

임원이라면

종종 임원들이 자신을 임시 직원이라고 하면서, 자신들의 일도 만만치 않다는 말을 농담처럼 하지만 이건 명확히 사실이다. 임원은 언제든 해고될 수 있다. 특히 등기임원이 되면 회사를 퇴사하고 퇴직금까지 받은 뒤 매년 계약하는 계약직으로 신분이 바뀐다. 그렇다 보니 임원이 되면 리더십을 발휘하기보다 '자리보전'에 더 신경 쓰는 경우가 많은 것도 사실이다.

경청을 통한 의사 결정보다는 성과를 빨리 낼 수 있는 '지시'를 내리는 일이 많아진다. 하지만 임원들이 결코 잊어서는 안 되는 것이 있다. 직원들의 성과가 곧 나의 성과라는 사실이다.

임원은 직원들이 최선의 성과를 낼 수 있도록 환경을 조성하고 격려하는 역할을 해야 한다. 혹시 자신이 불통의 아이콘은 아닌지 스스로 성찰하는 자세가 필요하다. 자세한 리더십 개발은 전작 『70년대생이 운다』에서 상세하게 언급했으니 참고하기 바란다.

워라밸이 득세하는 세상,
직장생활에 승부수를 띄울 기회다.

3만 원으로 부자의 마음을 훔치다

●●● 신세계가 보여준 신세계

10여 년 전 국내 굴지의 유통사 신세계로부터 교육 요청을 받았다. 그 당시 신세계는 외국에서 새로운 신발 브랜드를 도입해서 론칭을 준비하고 있었다. 제품을 담당할 머천다이저(엠디, merchandiser)에게 외국계 기업의 신발 머천다이징의 기본 지식과 마케팅 교육을 제공해달라는 요청이었다. 기분 좋게 수락했는데 갑자기 회사 측에서 집 주소를 물어왔다. 굳이 집 주소를 물을 일이 없어 의아해서 이유를 물으니 교육 당일에 집까지 차를 보내주겠다는 것이다. 괜찮다고 사양했지만, 회사의 방침이라고 해서 굳이 거절하지 않았다. 강의 당일 집 앞으로 온 것은 그 당시 1억이 넘는 차인 에쿠스 리무진이었다. 양복을 차려입은 신사분이 차 문을 열어주었고 강의를 마친 후에는 집까지 데려다주었다. 정말 기분 좋은 경험이었다.

나는 그 일을 곰곰이 분석해보았다. 과연 신세계는 나에게 얼마를 쓴 것일까? 보통 회사에서는 이런 고급 승용차를 일시불로 사지 않는다. 대부분 임대를 한다. 감가상각을 따져보면 월 250만 원 정도면 충분하다. 그리고 기사분의 급여가 있다. 그날 하루 신세계가 나에게 쓴 의전 비용은 회사 비용 개념으로 보면 30만 원 미만이었다. 그런데 그 이후로 나는 10년 넘게 '신세계가 보여준 신세계'란 내용을 강의해오고 있다. 생각해보면 나에게만 그런 의전을 제공한 것이 아닐 것이다. 나보다 훨씬 뛰어난 분들을 무수히 강사로 초청했을 것이고 그분들에게도 같은 의전이 제공되었을 것이다. 그리고 그들 역시 기회가 있을 때면 신세계가 얼마나 근사하고 예의 있는 회사인지를 본의 아니게 홍보했을 것이다. 지금도 신세계뿐 아니라 삼성 계열사는 연수원에서 진행하는 강의를 부탁하는 모든 강사에게 승용차 의전을 제공하고 있다.

흔히 예산이 적어서 마케팅이 어렵다, 홍보가 어렵다는 볼멘소리를 많이 한다. 관점을 바꿀 필요가 있다. 강사를 전문 지식이나 한바탕 풀어놓고 가는 사람이 아니라 우리 회사의 이미지를 좋게 소문낼 수 있는 사람으로 관점을 확장하고 접근했더니 정말 적은 비용으로 수십, 수백 배의 마케팅 효과를 내지 않았는가. 나는 이때의 경험을 통해 마케팅과 비용을 바라보는 관점을 새롭게 정의하게 되었다. 예산이 많으면 좋은 대행사를 쓰게 되지만 예산이 적으면 우리의 머리를 쓰게 된다. 과연 어느 것이 나의 미래에 좋은 거름이 되겠는가?

●●● 부자의 마음을 훔친 롯데백화점

대대적으로 떠들썩하게 진행한 행사는 아니었다. 롯데백화점 로열 고객층인 VIP만을 대상으로 한 행사였다. VIP 고객이 제품을 구매하면 1달러짜리 20장으로 만든 달러북(dollarbook)을 무상으로 증정했다. 참고로 롯데백화점 VIP 고객의 기준은 여러 레벨이 있지만 한 지점에서 연간 최소 3,000만 원 이상을 구매한 고객을 말한다. 이들에게는 무료 발레파킹, 라운지 이용, 명절 선물 등의 특전이 주어진다. 그들만이 독점적으로 쇼핑할 수 있는 기회도 주어진다. 한 백화점에서 연간 3,000만 원이라는 돈을 쓸 수 있는 사람은 매우 한정적일 것이다. 그리고 그런 이들에게 20달러라는 돈이 큰 의미가 있을 리도 없다. 그런데 3만 원도 되지 않는 프로모션이 어떻게 그들의 마음을 훔친 것일까?

생각해보자. 부자들이 가지고 있는 큰돈으로 쉽게 가질 수 없는 것이 무엇인가? 바로 작은 돈이다. 실없는 소리 관두고 바로 설명하겠다. 1달러는 국내에서 환전해주지 않는다. 빳빳한 새 돈 1달러는 미국에서도 구하기가 쉽지 않다. 이 1달러는 부자들에게 굳이 필요해 보이지도 않는다. 그런데 부자들의 생활 패턴을 보자. 그들은 해외여행도 자주 간다. 해외를 나가보면 1달러가 품위를 지키는 데 얼마나 요긴하게 쓰일 수 있는지 알게 된다. 외국에서는 호텔을 이용하고 나올 때 방에 1~2달러를 올려놓고 나오는 것이 기본 상식으로 통한다. 야외에서 커피를 한잔했다고 치면 근사하게 테이블에 1달러 정도 올려놓는 것이 좋다. 구깃구깃해진 돈 말고 빳빳한 새 돈이라면 받는 사람이 더 좋지 않을까.

박 부자가 가슴 주머니에서 달러북을 꺼내서 테이블에 팁을 올려놓는다. 일행 중 김 부자가 뭐냐고 부러운 듯 신기한 듯 쳐다본다. 이 맛이다. 돈을 주고도 사지 못하는 이 작은 돈은 바로 부자들의 체면을 빳빳이 세워주는 소중한 역할을 하는 것이다. 3만 원도 안 되는 달러북을 더 줄 수 없느냐며 부자들이 매장 직원들에게 아쉬운 소리를 하게 만든 프로모션, 즉 관점의 전환이 부른 쾌거였다. 돈을 많이 써야만 소비자를 유인할 수 있다는 생각에서 한 발짝만 옆으로.

●●● 300원 요구르트 마케팅

강남역 8번 출구에서 진행 방향으로 걸어 내려가면 처음 만나는 사거리에 강남빌딩이 있다. 그 지하 1층은 식당가이다. 그리 넓지 않은 공간에 10여 개의 식당이 오밀조밀 모여 있다. 그중에서 점심시간에 손님의 줄을 세우는 집이 있다. 바로 수연식당이다. 손님에게 메뉴 선택의 권리가 주어지지 않는 단 한 개의 메뉴, 백반정식만을 파는 집이다. 나는 많이 이용할 때는 하루에 세 번씩 가기도 했다. 아침 일찍 방문하면 사장님과 일하는 아주머니 한 명이 정성껏 반찬을 만드는 모습도 볼 수 있어서 믿음이 가는 곳이기도 했다. 그렇다고 이 집이 유독 맛있는 집이었던 것은 아니다. 각각의 식당은 각자 개성 있는 메뉴가 있었고, 수연식당보다 맛이 좋은 집도 여럿이었다. 직장 손님이 많은 곳인 만큼 점심때면 비교적 다들 붐볐지만, 손님을 줄 세우는 식장은 수연식당 하나였다. 왜였을까?

보통 가게 안을 둘러보고 자리가 없는 것이 확인되면 다른 식당으로 발길을 돌리는데, 그럴 때 사장님과 눈이 마주치면 자리를 뜰 수가 없다. 그 바쁜 와중에도 수연식당 사장님은 요구르트 하나를 들고 나오며 기다리라고 하는 것이다. 300원도 되지 않은 작은 음료 한 병을 손에 쥐여주고는 손님의 발을 묶는다. 어떨 때는 하나 더 줄까란 말로 쐐기를 박는다.

사장님은 그 바쁜 와중에도 손님들과 끊임없이 대화를 한다. 그렇게 하루 이틀 나눴던 대화를 기억해두었다가 다음번에 그 손님이 다시 오면 그것을 화제로 또 대화를 이어간다. 단골손님의 회사명과 직급을 꿰고 있는 것은 물론이다. 나는 늘 '아디다스 오빠'로 불러줬다. 아무리 봐도 이모님뻘인데 말이다. 단골이 들어오면 "어서 오세요!"가 아니라 "누구 님, 여기 앉으세요" 하신다. 그의 식성도 파악하고 있다. 그래서 어떤 경우에는 다른 사람의 테이블에는 없는 반찬이 누군가의 테이블에는 놓이기도 한다. 손님을 기억하는 것, 그의 이름을 불러주고, 작은 습관과 입맛을 기억하고, 요구르트 한 병을 손에 쥐여주는 것은 결코 작은 행위가 아니다. 사소한 행동 같아도 누구나 할 수 있는 것도 아니다. 수연식당 사장님만의 마케팅 노하우인 것이다. 거기에는 눈에 보이지 않는 부단한 노력이 숨어 있다.

관점은 가치의 또 다른 얼굴이다.

화살이
과녁을
벗어난 이유

●●● 나사에서 일하는 청소부의 우문현답

1961년 당시 미국 대통령 존 F. 케네디가 미 항공우주국 나사(NASA)를 방문했다. 복도를 지나가다 빗자루를 들고 있는 청소부를 마주치자 그에게 물었다. "당신은 무엇을 하고 있습니까?" 청소부 복장을 하고 있었을 테니 이미 그가 하는 일을 뻔히 알 수 있었을 텐데 케네디가 이런 질문을 한 이유도 궁금하지만, 이 청소부의 대답이 아주 인상적이다. "저는 인류를 달에 보내는 일을 돕고 있습니다." 우문에 현답 같은 느낌이다. 그가 하는 청소 일이 달에 사람을 보내는 과학자, 수학자, 기술자 들이 편한 환경에서 일하도록 돕고 있으니 그 역시도 사람을 달에 보내는 일에 일조하고 있음은 틀림없는 사실이다. 인류의 큰 도전들은 이런 일의 역할 자체보다 그 일의 목적성을 보는 관점의 전환들이 모여서 이뤄진 것이 아닐까?

●●● 여러분의 직업은 무엇입니까?

사회복지사협회는 매년 복지사들에게 새로운 업무 관련 지식과 인문 지식을 함양하는 자격증 유지 필수 교육을 진행하는데 올해로 4년째 협회로부터 강의 요청을 받고 있다. 내가 준비한 강의는 다음의 질문으로 시작된다. "여러분은 무엇을 하는 사람입니까?" 당연히 그들의 직업을 몰라서 묻는 것이 아니다. 그러면 대체로 이런 대답이 들려온다. "복지사입니다." "사회 복지 일을 하고 있습니다." 물론 틀린 답이 아니다. 다시 질문한다. "다른 답은 없을까요?" 대답하는 이가 없다. 기다렸다 되묻는다. "여러분, 저에게 무엇을 하는 사람입니까, 라는 질문을 해보세요." 복지사들이 묻고 나는 이렇게 대답한다. "저는 제 강의를 듣는 분들의 인생을 성장시키는 일을 합니다." 그리고 처음 질문으로 돌아가 그들에게 이야기한다. "저는 여러분들이 '신체적 물질적 어려움을 겪는 분들의 삶의 질을 향상하는 일'을 하는 분들이라고 생각합니다. 매번 이런 식으로 답할 수는 없겠지만 이런 관점으로 일을 하면 어떨까요?"

관점(a point of view, perspective)은 어떤 사물이나 상황을 접할 때, 한 개인이 보여주는 태도나 방향성을 말한다. 일을 보는 관점을 바꾸면 정답은 한 개가 아닐 수 있고, 그것은 곧 그만큼 가능성이 확장되는 것을 의미한다.

●●● 위험한 긍정

이제 잠시 다음 다섯 가지 상황을 표현하는 다른 관점을 고민해보자. 나아가 이 상황을 긍정적으로 바꿀 수 있는 방법에 대해서도 한번 생각해보자.

1. 내 탓만 하는 부정적인 상사와 함께 일하는 것이 너무 힘들다.
2. 얼마 안 되는 예산으로 마케팅을 하는 것이 너무 힘들다.
3. 끊임없이 변하는 소비자의 요구(needs)를 맞추는 게 힘들다.

4. 옆 식당은 매일 줄을 서는데 우린 왜 자리가 남는지 짜증이 난다.
5. 로또에 당첨되면 인생이 확 필 것 같다.

각자의 생각을 마음에 품고 다른 이야기를 한번 또 생각해보자.

당신 앞에 정확히 물이 반이 차 있는 컵이 있다. 당신이라면 이 상황을 어떻게 말할 것인가. 이 질문에 대한 정답이 있을까?

A : 물이 아직 반이나 남았네요.
B : 물이 반밖에 남지 않았네요.

A, B 중 어떻게 말하는 것이 정답이라고 생각하는가? 혹은 어떻게 말하라고 교육받았는가? 아마 대부분의 사람은 A가 마치 정답인 것처럼 배웠을 것이다. 그것이 긍정적인 관점이라는 해설과 함께 말이다. 그런데 우리가 실제 조직생활을 하다 보면 A와 같은 관점은 도전을 받을 때가 많다. 나도 A를 믿으며 항상 상황을 긍정적으로 보려고 노력했다. 그렇게 해서 좋은 결과를 많이 낸 것도 사실이다.

하지만 과연 아직도 물이 반이나 차 있다고 생각하는 것은 일 추진의 관점에서 바람직한가? 이와 같은 시각은 시시각각 빠르게 변하는 상황을 적절히 대처할 수 있는 관점일까? 과연 B는 부정적인 관점이라고 치부하고 버려도 되는 것인가?

“박 부장은 왜 항상 좋은 이야기만 하려고 합니까?” 우리 부서를 새로 맡게 된 임원분의 말이었다. 정확히는 야단을 치는 말이었다. 그분의 얼굴이 결코 편안해 보이지 않았기 때문이다. 평생 마케팅 일을 해온 분이고 회사의 이미지와 판매를 돕는 마케팅뿐만 아니라 문제를 관리하며 회사를 지켜내는 일까지 같이 해온 분이다. 회사 밖은 위험하다. 고객 중에는 고마운 고객도 있지만 동시에 악성 소비자(black consumer)도 있다. 어떨 때는 미디어로부터 억울한 공격을 받을 때도 있다. 이런 상황을 너무 잘 아는 그 임원은 나의 무한 긍정이 탐탁지 않았던 것이다. 처음엔 나 역시도 그런 임원의 시선이 불편했다.

왜 미래를 긍정적으로 설계하는 것이 문제인가? 굳이 작고 사소한 문제까지 말할 필요가 있는가? 지나치게 마이크로매니지먼트(micro management)적인 자세라는 생각이 들었던 것이 사실이다. 하지만 그가 해를 거듭하며 큰 문제들을 해결해나가는 모습을 보면서 나 역시 생각이 조금씩 변하기 시작했다. 나의 긍정적 태도만큼이나 그의 조심스러운 태도 또한 직장인이라면 갖춰야 할 덕목이라는 것을 경험이 더해질수록 깨닫게 되었다.

물이 반밖에 없다는 것은 가까운 미래에 문제가 발생할 수도 있음을 의미한다. 누군가가 반을 채워주지 않겠느냐는 긍정적 마인드가 늘 긍정적 결과를 부르는 것은 아니다. 아직도 반이나 남은 것이 아니라 없어진 반을 부지런히 다시 채워야 한다는 생각을 해야 한다. 편안하게 남은 절반을 바라보며 안도하는 기업이라면 그 기업은 머지않아 위험에 처할 것이다.

●●● 리더십의 새로운 관점을 제시한 공자

『중용』에 이런 구절이 있다. "활쏘기는 군자의 자세와 유사한 점이 있으니, 활을 쏘아 정곡을 맞추지 못하면 자신을 돌이켜 그 원인을 찾는다(子曰 射有似乎君子 失諸正鵠 反求諸其身)." 여기서 나온 한자성어가 반구저신(反求諸身)이다. 공자의 이 말은 리더의 중요한 덕목을 꿰뚫고 있다.

조직에서 문제가 발생하면 리더의 입에서 자동으로 나

오는 문장이 무엇인가? "이거 누가 한 거야? 누가 이런 실수를 저질렀어?" "어떤 X이야? 또 너야?" 이 물음표는 모두 어디를 향하고 있는가? 모두 상대를 향하고 있다. 자신은 완벽하게 지시를 내렸는데 결과가 제대로 나오지 않은 것은 오로지 지시를 받은 사람이 실행을 잘못했기 때문이라는 전제가 깔려 있다. 공자는 말한다. 왜 그 이유를 다른 이에게서 찾는가? 리더인 당신이 처음에 어떻게 지시를 내렸는지, 그 지시에 결함은 없었는지는 돌아보지 않는 것인가?

아디다스가 몇 년 전까지 국내에서 나이키를 큰 차이로 따돌릴 수 있었던 이유 중 하나는 실수 또는 실패를 바라보는 관점이었다. 조직에서 가장 크게 문제가 되는 것은 목표한 매출을 달성하지 못하는 것이다. 그런데 성숙한 리더들은 이런 결과를 놓고 직원들을 추궁하지 않는다. 당신들이 제대로 하지 않아서, 또는 열심히 하지 않아서 목표 달성에 실패했다고 책망하지 않는다. 앞으로, 우리가, 어떻게, 하면 될까를 먼저 생각하고 논의한다. 좀 더 나은 결과를 얻기 위해서 서로가 어떤 도움을 줄 수 있을까 하는 문제를 고민하는 것이다. 누구의 잘잘못을 가리는 마녀사냥을 하지 않는 문화에 아디다스의 성공의 비결이 있었다.

●●● 오타니 쇼헤이, 운에 대한 새로운 관점을 제시하다

현재 미국 프로야구(MLB)에서 가장 주목을 받는 선수가 일본 출신의 오타니 쇼헤이다. 투수와 타자를 겸하면서 두 분야에서 모두 놀라운 성과를 내고 있는 정말 흔치 않은 선수이다. 최고 구속 167킬로를 보유한 투수에, 시즌 홈런왕 경쟁까지 벌인 엄청난 선수이다. 미국인이 가장 사랑하는 역대 홈런 타자인 베이브 루스 이후로 금세기 최고로 재능 있는 선수로 거론될 정도다. 2021년에는 아메리칸 리그 MVP로 선정되기도 했다. 아직 20대인 그가 앞으로 얼마큼의 더 큰 기량을 보여줄지, 향후 그가 얼마의 연봉을 받을 것인가도 세계 야구 팬들의 큰 관심사이다. 이 선수의 야구 재능에 관한 이야기는 이미 널리 알려진 사실이니, 여기서는 우리가 잘 모르는 다른 이야기를 해볼까 한다.

오타니 쇼헤이 선수가 고등학교 1학년 때 세운 목표를 살펴보면 아주 흥미로운 사실이 하나 보인다. 1학년 때 가장 큰 목표는 일본의 8개 프로구단으로부터 1순위로 지명되는 것이었다. 그리고 그 목표를 이루기 위해 8개의 소목표를 세웠는데 그중 하나가 '운'이었다. 운이 계획을 세운다고 달성될 수 있는 성질의 것이었던가? 그야말로 어느 날 갑자기 하늘에서 뚝, 떨어지는 것이 운이 아니었던가. 좀 의아하다. 그런데도 그는 운이라는 소목표를 달성하기 위한 행동 계획을 작성했다. 부실 청소하기, 심판에게 인사하기 등 소소한 일상의 작은 행동들을 언급해놓은 것이다. '운'을 바라본 그의 관점이 정말 대단하다는 생각을 했다. 보통의 사람들처럼 나 역시 운은 어쩌다 오는 행운 같은 것이라고 정의하고 있었다. 그런데 오타니 선수의 생각은 달랐던 것이다. 그런 우연 같은 운도 나의 행동을 통해서 가능성을 높일 수 있다고 본 것이다. 그런 생각의 전환과 남다른 노력이 오타니 선수를 유일무이한 존재로 만든 것이 아니겠는가.

조직 속에서 더 큰 성과를 낼 방법이 무엇인가. 성장을 멈추고 정체되어 있는 상황을 어떻게 벗어날 것인가. 계속해오던 익숙한 방식, 익숙한 관점을 버려라. 나와 다른 관점을 가진 사람과 네트워크를 구축하라.

화살이 과녁을 벗어난 것은

바람 탓이 아니다.

제2부

Work & Life

이윤을 100퍼센트 보장하는 열정 투자법

The Boss Manual
for 90s

고집불통지수
테스트

●●● 나의 '고집불통지수' 점검

요즘에는 노력하는 상사가 많아졌다. 유연하고 공감하는 리더십을 배울 기회도 많아졌고, 마음만 먹으면 관련해 좋은 정보들을 쉽게 얻을 수 있다. 그럼에도 좋은 리더가 된다는 것은 만만치 않은 일이다. 정답을 몰라서가 아니다. 정답을 손에 쥐고 있어도, 자신이 어떤 사람인지 모른다면 아무 소용이 없다. 좋은 리더가 되는 첫 번째 조건은 자신이 어떤 사람인지를 정확하게 파악하는 것이다. 그 후에 개선할 점과 강화할 점을 알아야 한다. 좋은 리더 이전에 나에게 혹시 나쁜 리더가 될 성향이 있지는 않은지 먼저 살펴보자. 다음에 제시된 문항에 답해보라.

1. 나와 다른 의견이 나오면 짜증이 나는가?

YES / NO

2. 나와 다른 의견은 반드시 제압해야 마음이 편한가?

YES / NO

3. 나와 다른 의견이 계속되면 끝나기 전에 말을 끊는 편인가?

YES / NO

4. 대부분의 경우 내 의견이 가장 탁월하다는 생각이 드는가?

YES / NO

5. 나만큼 회사와 일에 관심이 많고 깊이 고민하는 사람은 없다고 생각하는가?

YES / NO

6. 웬만하면 나의 의견을 바꾸지 않는가?

YES / NO

7. 나와 미팅하면 사람들이 불편해하는가?

YES / NO

이 일곱 가지 질문에 바로 답이 나오지 않는다면 당신

이 아는 소위 '답정너('답은 정해져 있고, 너는 대답만 하면 돼'를 줄여 이르는 말)' 상사들을 생각해보면서 답을 써보라. 그들은 회의에서 직원들이 의견을 내면 몇 문장 말하지도 않았는데 벌써 미간에 주름이 잡히지는 않는가? 그래서 계속 말을 이어가야 하나 그만 멈춰야 하나 내적 갈등을 불러일으키게 하고 있지는 않은가? 말은 다 들어주었지만 결국은 하나하나 틀린 이유를 제시한 뒤 자신의 의견으로 결론 내는 일이 다반사이지 않은가? 직원들이 아이디어를 적당히 만들어가자고 사전에 담합하는 일은 없는가? 나는 절대로 그런 상사가 될 리 없다고 생각하겠지만 그 답정너의 상사도 초년생 시절에는 당신과 똑같은 생각을 했었다면 믿어지는가?

●●● 자리는 사람을 만들지 못한다

고집불통 성향은 어느 날 갑자기 생기는 것이 아니다. 오랜 시간에 걸쳐 뿌리를 내리고 가지를 뻗으며 차근차근 자라왔다. 스스로 자신을 돌아보지 않은 때문이다. 누군가 고집불통이 된 데는 주변과 조직의 잘못도 크다. 그의 성과에만 관심을 두어 방치하고 면죄부를 준 결과이다. 조직에서는 태도에 조금 문제가 있어도, 동료와 잦은 문제를 일으킨다고 해도, 자신이 맡은 일을 잘 해내기만 하면 그 순간 눈 감고 넘어가는 경향이 크다. 한편으로는 시간이 지나면, 본인이 상사가 되면, 태도도 개선되겠지 하는 기대를 핑계로 내버려둔다. 자리가 사람을 만든다고 생각하면서.

당신이 부하 직원이 있는 상사라면 직원에게 앞서 제시한 질문으로 물어보라. 스스로 놓치고 있는 점이 없는지 용기를 가지고 점검하고 관리하는 것이 중요하다. 비뚤게 자라온 성향은 주변 사람을 괴롭히는 괴물이기 때문이다. 끈기 있게 나를 점검하지 않는다면, 시간이 나를 좋은 리더로 만들지는 않는다. 자기 안에 이런 괴물을 키우고 있다가 회사에서 내쫓기는 사람은 의외로 많다. 진즉에 이런 나쁜 성향을 통제해주지 않은 회사 책임도 크다. 그런 사람이 임원이라면 문제는 더 심각해진다. 그만큼 조직에 끼치는 손해가 커지는 것이다. 물론 회사가 모든 사람의 잘못된 태도 하나하나를 교정할 수는 없다. 다만 한 가지 바라는 것은 비용이 들더라도 좋은 외부 코치들을 통해 리더들의 삐뚤게 자란 가지를 쳐주라는 것이다. 삐뚤게 자라 무성해진 가지는 햇볕을 막고 그 아래 성장하는 새싹을 죽

이니까 말이다.

영화 〈미나리〉로 전 세계에 얼굴을 알린 배우 윤여정 씨가 〈윤식당〉이라는 예능 프로그램을 시작하며 어느 미디어와 한 인터뷰가 떠오른다. "서진(배우 이서진 분)이가 메뉴를 추가하자고 했어요. 젊은 사람들이 센스가 있으니 들어야죠. 우리는 낡았고 매너리즘에 빠졌고 편견을 가지고 있잖아요. 살아온 경험 때문에 많이 오염됐어요. 이 나이에 편견이 없다면 거짓말입니다. 그런데 어른들이 젊은이들에게 '니들이 뭘 알아?'라고 하면 안 되죠. 난 남북통일도 중요하지만 세대 간 소통이 더 시급하다고 생각해요."

남의 편협함을 보고 탓하기보다는 자신 역시 편견과 편향을 가질 수 있음을 늘 경계해야 한다. 이 편견과 편향은 결코 나이든 사람의 전유물이 아니다. '젊은 꼰대'라는 말도 있지 않은가.

편견이 없다는 건 거짓말!
상사가 도대체 왜 이럴까, 라는 질문 대신
내 속에서 자라고 있는 괴물은 없는지 점검해보기를.

나의 시장가격은 얼마일까?

●●● 나의 4Ps

나는 대학에서 마케팅 원론을 가르친다. 원론이라고 해서 당신이 아는 그 두꺼운 원서를 정밀히 가르치는 것은 아니다. 이 수업은 학자를 만드는 것에 초점이 있지 않다. 조금의 이론을 다루기는 하지만 대부분은 그 원론이 적용된, 혹은 변형되어 활용된 현실의 케이스를 다룬다. 더구나 고학년 대상의 수업이라 원론적인 내용보다는 곧 사회에 진출해서 실전에 쓸 내용을 전달해주고 있다.

마케팅 원론에서 가장 중요한 부분을 하나만 꼽으라고

하면 무엇일까? 그것은 아마도 많은 사람들이 잘 아는 마케팅 믹스, 혹은 4Ps(Product, Price, Place, Promotion)일 것이다. 이 네 가지 요소를 적절히 버무려서 멋진 음식을 만드는 것이 마케팅의 기본이라고 알려져 있다.

우리나라에서 마케팅이 매출과 연결되어야 한다는 생각이 기본 값으로 자리 잡은 것은 그리 오래되지 않았다. 과거 기업에서 마케팅은 멋지고 감동적인 광고를 만드는 것과 동일시되었다. 광고 한 편을 잘 만들면 박수를 받았다. 대중이 그 광고를 통해 그 회사 이야기를 하게 하는 것이 일차적 목표였다. 그 광고로 인해서 매출이 오르는가 하는 문제는 그렇게 중요해 보이지 않았다. 회사의 이미지가 좋아지면 매출은 당연히 따라서 상승할 것이라고 막연히 믿어버렸다.

실제 광고를 하면 많은 대중이 관심을 주고 또 그것이 판매 상승으로 이어진 것도 사실이다. 하지만 이와 같은 결과가 애초 기획에서 계획되고 예상되었던 것은 아니다. 광고를 매출과 연결해 꼼꼼히 따져보지 못했던 것이다. 물론 그 시절 마케팅 담당자나 광고회사 분들을 비난하는 것이 아니다. 단지 매출과 다소 동떨어진 현금 집행이 많았던 시절이라는 점을 말할 뿐이다.

이제 상황은 많이 달라졌다. 끊임없이 좋은 제품이 출시되고 이를 홍보하는 채널은 수도 없이 많아졌을 뿐 아니라 그 방법 역시 매우 다양해졌다. 당연히 마케팅을 광고 홍보와 동일시하던 시각도 급속도로 변하고 있다. 그래서 마케팅 믹스가 더 주목받고 있다.

마케팅은 어느 한 요소의 문제가 아니라 네 가지 요소를 모두 염두에 두고 진행해야 성공할 수 있다. 즉 상품(product), 가격(price), 유통(place), 촉진(promotion)이 그 네 가지이다. 이제 마케팅에서 성공의 개념은 브랜드의 이미지, 상품의 판매, 그리고 이윤까지를 모두 포함하고 있다. 이 네 가지를 얼마나 잘 섞어서 좋은 결과를 내느냐가 관건이 된 시대이다.

조직에 소속된 우리 개인에게 이 마케팅의 4Ps를 적용해보면 어떨까? 매우 흥미로운 질문과 답이 나올 수 있겠다. 제일 좋은 펜으로 답을 써보자.

Product

Q. 나는 어떤 상품인가? 매력적인 상품인가?

A. ______________________________

Price

Q. 나를 시장에 내놓는다면 몸값은 얼마일까? 실제 금액을 써보라.

A. ________________________________

Place

Q. 나는 어떤 곳에서(부서, 회사) 최고의 가치를 가질 수 있는가?

A. ________________________________

Promotion

Q. 나를 어떻게 촉진(홍보)할 것인가?

A. ________________________________

● ● ● "Sell yourself"

나는 매 학기 마케팅 원론 수업의 첫 과제 주제로 "Sell yourself"를 제시한다. 즉 '당신을 팔아보시오'이다. 학생들에게 마케팅의 4Ps를 학습시킨 다음 이어서 바로 부과하는 과제이다.

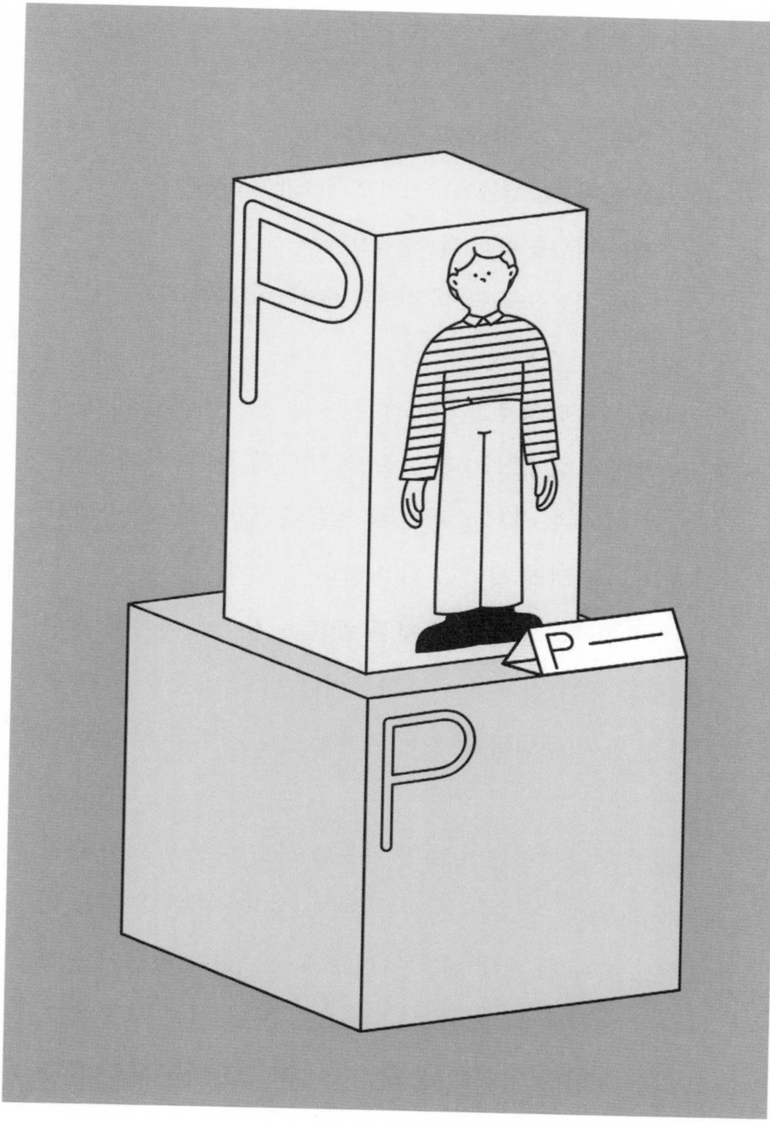
P
P
P

이 과제의 목적은 다음과 같다.

첫째, 자신을 이해하고 분석해보라.

둘째, 자신을 남들에게 가치 있게 소개해보라.

셋째, 자신을 좀 더 객관화해보라.

넷째, 자신감을 배양하고 나의 가치를 극대화하라.

나를 객관화해보고 평가해보는 과정을 통해서 내가 꿈꾸는 미래와 현재의 간극을 좀 더 명확히 볼 수 있게 된다. 그리고 이 수업에서는 반드시 질문을 해야 하고, 상대의 발표 내용에 대해 평가도 해야 한다.

내가 진행하는 수업의 모든 발표는 질문과 평가를 필수로 한다. 내가 발표하는 것만큼이나 남의 발표를 듣고 평가하는 일에 주의를 기울여 체계적으로 정리할 수 있어야 한다.

실제 현장에서는 마케팅 활동을 하고 나면 반드시 평가를 받게 된다. 광고를 진행하면 그 기간과 전년 동기를 비교하고 또 광고 집행 전후를 비교해서 변화가 있는지를 객관적인 데이터로 평가한다. 그리고 어떤 점이 부족했고, 그 점을 보완하기 위해서는 무엇이 더 필요한지에 대해 질의응답을 진행한다.

당신의 '외모'는 충분하다.
나의 상품 가치를 올리는 비결은
외모가 아니라 '내모'이다.

뒷담화의
함정

●●● 올드보이

2003년 개봉한 박찬욱 감독의 영화 〈올드보이〉는 다음 해 칸영화제에서 심사위원 대상을 받았다. 청소년 관람 불가의 영화였음에도 당시 300만 명이 넘는 관객 수를 기록하며 흥행했다. 2019년 세계 3대 영화제(칸, 베니스, 베를린 영화제) 경쟁 부문에서 수상한 한국 영화 13편 중 다시 보고 싶은 작품을 묻는 설문조사에서 1위에 뽑히기도 했다.

사람들은 〈올드보이〉를 복수 영화라고 기억한다. 주인공 오대수가 이유도 모른 채 납치되어 15년간 감옥 생활을 한 뒤 또 이유 없이 풀려나서 자신이 감금된 이유를 추적해가는 과정을 긴장감 있게 그려내었다. 알고 보니 오대수를 가둔 건 고교 시절 친구였던 이우진이었고, 그가 그렇게 한 이유는 오대수로 인해 누이가 죽었기 때문이다. 그 복수를 위해 15년간 가둔 것이다(부득이 결말을 노출하게 되어 관계자 분들께 죄송하다). 그래서 많은 이들은 이 영화를 잔인한 복수극으로 정의한다. 하지만 내 생각은 다르다.

이 영화는 사실 뒷담화에 관한 이야기다. 무책임하게 내뱉은 한마디가 누군가에게는 칼이 될 수 있으며, 그것이 불러올 수 있는 파장의 극단을 적나라하게 묘사한 영화다. 어쩌면 이 시나리오의 원작자가 과거 큰 트라우마로 남은 뒷담화에 관한 이야기를 쓰고자 했는지도 모르겠다. 뒷담화로 가슴 아팠던 과거의 사건을 말이다.

●●● 조직 뒷담화에 관한 연구

뒷담화 없는 세계가 어디 있을까. 가십이란 말은 기원전 1550년경 이집트 상형문자에 등장할 만큼 그 역사가 오래되었다고 한다. 한 노예가 자신의 주인에 대해 주민들 사이에서 '가십'이 퍼지고 있는 것을 알고는 주인에게 알려서 이에 대한 방지책을 제안했다고 한다. 가십은 '개인의 사생활에 대하여 소문이나 험담 따위를 흥미 본위로 다룬 기사'라는 사전적 정의처럼, 대체로 부정적인 내용일 때가 많고, 사람들은 긍정적 이야기보다 부정적 이야기를 공유하면서 오히려 더 친밀감을 느낀다고 한다.

회사생활에서도 뒷담화는 어렵지 않게 만날 수 있다. 때로는 스릴러 영화보다 진땀 나고 흥미진진한 이야기로 사람들을 사로잡는다. 보통 이 조직 뒷담화 영화에도 여느 영화처럼 주연과 조연이 있다. 등장인물이 한 명일 때도 있고, 여럿일 때도 있다. 그리고 그 조직원 모두는 어쩌면 그 영화의 행인 1, 행인 2 정도의 역할을 하고 있다. 자신은 출연 여부를 기억하지 못할 수도 있다. 그러다 어느 날 자신도 모르는 사이에 행인에서 주인공이 되는 영광(?)을 누릴 수도 있다.

이런 뒷담화 영화에는 시나리오와 제작 및 투자를 맡은 빅 마우스(big mouth)가 존재한다. 빅마우스는 흥행할 만한 시나리오를 쓰기 위해 부지런히 소재를 수집한다. 소재가 다소 미흡하다 싶으면 자신이 직접 각색하는 일도 서슴지 않는다. 소재 수집을 위해 많은 이들과 접촉하고 그 가운데 가장 관심을 가지는 사람들을 조연출로 섭외한다. 그런

데 연구에 의하면 빅 마우스는 주로 자존감이 낮은 사람들이라고 한다. 낮은 자존감을 뒷담화 영화 제작으로 세우고 싶어 하는 것이다.

2012년에 LG경제연구원이 우리나라 직장인 227명을 대상으로 뒷담화에 관한 생각을 조사한 적이 있다. 핵심을 요약해보겠다.

1. 뒷담화가 증가 혹은 감소하고 있는가?
   - 증가하고 있다: 41%
   - 줄어들고 있다: 11%
2. 뒷담화의 주요 내용은 무엇인가?
   - 상사의 리더십: 21%
   - 동료 뒷담화: 17%
3. 뒷담화가 늘고 있다면 그 이유는 무엇인가?
   - 디지털 매체의 발전으로 소재 증가: 28%
   - 해고·임금·승진 등 직장 불안정 증가: 23%
   - 성과주의 강화로 경쟁, 질투의 심화: 17%
4. 어떤 수단으로 뒷담화를 하는가?
   - 직접 만나서: 73%
   - 사내 메신저: 18%

5. 당신의 참여 빈도는 어느 정도인가?

- 종종, 자주: 46%
- 거의, 전혀 참여하지 않음: 23%

6. 뒷담화에서는 주로 어떠한 속성의 이야기를 하는가?

- 긍정적인 이야기: 2%
- 험담 같은 부정적인 이야기: 71%

7. 뒷담화 후 기분이 어떤가?

- 기분이 안 좋고 다른 사람이 들었을까 불안하다: 29%
- 기분이 후련해진다: 25%

8. 뒷담화의 주인공에 대한 인식은 어떻게 되는가?

- 그에 대한 기존 생각이 흔들린다: 55%
- 생각에 변화가 없다: 38%

9. 뒷담화를 자주 하고 다니는 동료에 대해서는 어떤 인상을 받는가?

- 비교적 좋지 않은 이미지를 받는다: 69%
- 비교적 좋은 이미지를 준다: 1%

설문 내용을 요약해보면 뒷담화는 득보다 실이 훨씬 커 보인다. 스릴러나 공포영화를 보고 나서 카타르시스보다는 찝찝한 기분을 지울 길 없는 상황이라고나 할까. 악당도 죽이고 귀신도 물리치고 괴물도 다 잡았는데 우리 마음 속은 여전히 묵직하다. 마음 한편에서는 내가 이 영화의 주인공이 되면 어떡하지, 하는 두려움마저 생긴다.

나 역시 상사의 뒷담화에 적극 동참한 적이 있었다. 사실 난 원래 그런(?) 사람이 아니었다(믿어주길 바란다). 남의 이야기를 상당히 자제하는 편이었다. 그런데 어느 날 보니, 내가 상사의 뒷담화에 한마디씩 보태고 있었다. 다들 만나면 으레 상사 뒷담화이니 왠지 나만 동참하지 않으면 스파이로 오해받아 왕따가 되지 않을까 하는 불안감이 작용했다. 그러다 문득 부끄러운 생각이 들었다. 상대에게 들키지 않았어도 스스로 부끄러워서 그의 얼굴을 마주하기가 두려웠다. 마약처럼 중독성이 강한 뒷담화를 빨리 끊어내지 않으면 오히려 내 자신을 좀먹을 거 같았다. 그래서 더 이상은 뒷담화를 하지도, 그런 자리에 동참하지도 않겠다고 다짐했다. 나 혼자만의 다짐으로 끝내지 않고 부서의 모든 직원을 소집해 선언했다. 그 이후에 나는 상사와 멋진 관계를 만들었고 그 결과 넘치는 보상을 받았다.

뒷담화는 그 조직의 위험 신호이다. 앞서의 설문조사가 보여주듯 뒷담화의 내용은 부정적일 때가 많고, 그것은 주로 상사나 동료에 대한 험담이다. 결국 상호 불신을 키울 뿐이고 업무에 대한 집중력을 떨어뜨릴 것이다. 당연히 생산성 저하로 연결되어 모두가 피해를 입는 상황을 초래할 것이다. 개인의 노력뿐 아니라 누군가를 비방하는 뒷담화를 예방하기 위한 조직적인 차원에서의 고민과 노력이 필요한 이유다.

남에 대한 뒷담화는 불안감을 생산할 뿐이다.
시원하게 털어내고 당당히 서길 바란다.

일과 생활을 분리하는 이분법은 불리하다

●●● 피리 부는 사나이

워라밸(Work-life balance)이란 단어가 한국 사회를 강타했다. 우리 사회는 언제부터인가 마치 그림 형제의 동화 「피리 부는 사나이」에서 한 남자를 따라나선 아이들처럼 어디로 가는지도 모른 채 이 단어에 휩쓸리고 있다. 이 단어에 위배되는 듯한 조직문화를 가진 회사는 마치 부도덕하고 시대착오적인 회사처럼 비난받는다. 아마도 대부분의 사람들은 9시에 출근하고 6시에 칼같이 퇴근, 즉 여덟 시간 근무를 하고 나머지 시간에 내 소중한 삶을 사는 것을 워라

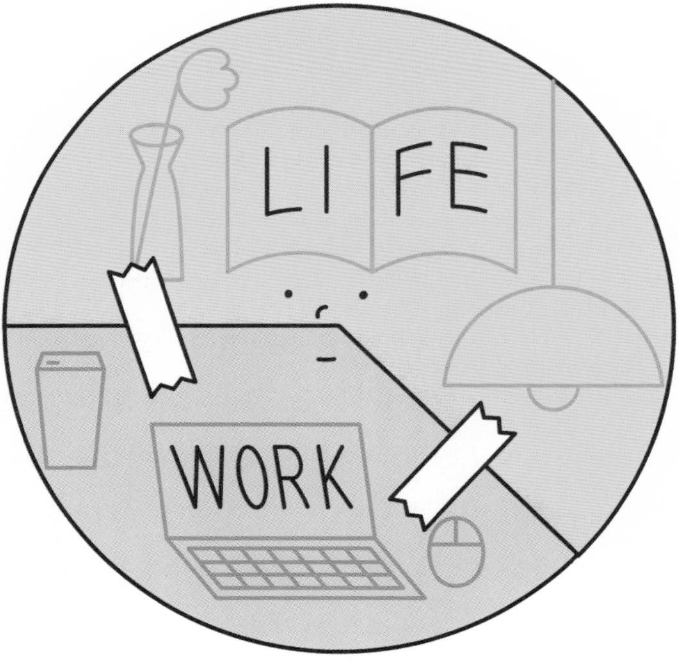
LIFE
WORK

밸이라고 생각할 것이다. 점심시간을 포함해 아홉 시간 이상을 회사에 있으면 마치 큰 문제가 있는 것 같은 분위기를 조장하는 이 단어에 나는 강력한 이의를 제기한다.

조금 과장해서 말하면, 워라밸은 일이 밀리든 말든, 동료나 상사가 힘들어하건 말건, 회사가 위험하건 말건, 그 어떤 경우라도 일이 내 생활을 침해하는 것은 용납할 수 없다는 의미를 내포하고 있는 듯하다. 이상적 삶을 표상하는 듯한 워라밸은 우리의 삶을 유지하고 나를 성장시키는 역할을 하는 '일'을 매우 부정적인 것으로 보고 있다는 인상을 지울 수 없다. 일과 직장생활이 나의 행복과는 상관없을 뿐 아니라 심지어 방해하는 요소로 인식하는 듯하다.

1970년대 후반 영국에서 처음 등장한 워라밸이라는 표현은 일과 사생활 간의 균형을 묘사하는 말이었다. 하지만 우리 사회에서는 '균형'보다는 일과 삶의 '분리'라는 개념으로 이해하는 경향이 강한 듯하다. 한 기사에 의하면 2018년에 아마존 CEO 제프 베이조스가 '악셀 슈프링거 2018' 시상식에서 "일과 사생활의 균형을 찾으려 하지 마라"라고 말했다가 우리나라 직장인들에게 워라밸에 반대하는 기업인으로 낙인찍혔다고 한다(《조선일보》 2020. 6. 27). 일과 개인 생활의 적절한 조화를 이야기한 것인데, 사람들은 일단 일에 최선을 다해야 한다고 하는 것 자체를 거부하는 모양새다.

한국인들은 그동안 저녁이 있는 삶을 살지 못했다고 말한다. 물론 우리의 노동시간이 과도하게 길었던 것은 사실이다. 그런데 여기서 우리가 던져야 하는 중요한 질문이 있다. 일과 삶은 과연 다른 것인가? 일을 하는 동안은 나의 삶이 멈춰지는 것인가? 일은 고통스럽고 그저 일이 끝난 이후의 삶을 살기 위해 돈을 버는 수단일 뿐인가?

우리나라 직장인 중에는 글로벌 회사의 근무 환경을 부러워하는 이들이 많은데, 그런 글로벌 회사들은 어떻게 일하고 있을까? 우리보다 철저하게 사적인 시간과 일하는 시간을 구분하고 있을 것이라고 생각하는가? 오랜 시간 글로벌 회사를 경험해본 입장에서 말하자면, 결코 그렇지 않다. 점심을 먹으며 일하는 워킹런치가 다반사이고, 오히려 점심시간으로 1시간을 알뜰하게 사용하는 한국의 회사 문화를 무척 의아해한다. 국내에 들어와 있는 외국계 기업의 경우는 우리나라 근로기준법을 따르기에 국내 기업과 업무 스타일이 별다른 차이가 없지만, 해당 본사나 다른 나라 지사를 방문해보면 점심시간이란 개념이 존재하지 않는다. 우리가 말하는 점심시간에도 미팅은 진행된다. 12시가 되었다고 해서 모두 일어나지 않는다. 그리고 함께 점심밥을 먹을 사람을 찾아 아침부터 전화를 돌려대는 일도 거의 없다.

왜 우리는 유독 워라밸에 집착하고 있는 걸까? 나도 모르게 피리부는 사나이에 이끌려 목적지도 모르는 채 따라나선 것은 아닌가. 과연 워라밸이 우리의 삶을 더 윤택하게 만들어줄까?

●●● 워라만(feat 부산외대 공영익 교수)

공영익 교수는 부산외국어대학교에서 학생들을 가르치고 있다. 그는 국내 유명 광고대행사 LG애드에서 직장생활을 시작한 뒤 나중에는 광고대행사를 직접 설립해 운영하며 파란만장한 마케터의 삶을 산 사람이다. LG가 금성사이던 시절 빅 히트를 친 세탁기 '팡팡'의 이름을 지은 장본인이기도 하다. 그와 함께 제주도 서귀포의 한 호텔에서 바다를 보며 조식을 먹는 호사를 누린 적이 있다. 우리 둘은 대화를 하다가 워라밸에 대한 토론을 벌이게 되었다. 나는 그날의 대화에서 크게 영감을 받았고 이후 '워라만(워크 앤 라이프 만족)'이란 단어를 만들게 되었다.

공영익 교수는 요즘 워라밸만을 좇는 세태를 안타까워하며 이렇게 말했다.

"일이 얼마나 내 삶의 질을 높일 수 있는지 요즘 사람들은 그걸 간과하는 것 같아요."

일을 제대로 해내고 조직생활을 잘 해내면 삶의 전반적인 만족도가 올라간다는 것이다.

"특히 사회생활 초반에 전반적인 나의 삶을 더 단단하게 만드는 기반을 잘 다져야 합니다. 이 기초공사가 이후의 삶을 더 즐겁게 만들 수 있으니 결국 일이 삶의 중요한 기쁨이 되는 것이지요. 이제는 균형이란 말을 버리고 만족감에 집중해야 할 때입니다."

나 역시 이 말에 공감했고 일과 삶의 만족감에 대한 공영익 교수의 말을 들으면서 '워라만'을 생각하게 된 것이다. 회사 내에서 좋은 평가를 연달아 받으면 연봉과 직급에서 남보다 일찍 성취를 이룰 수 있다. 일에서 성취와 만족감을 맛보는 사람은 직장 밖에서의 삶에서도 좀 더 멋진 그림을 그릴 수 있게 된다.

일과 삶은 나눌 수도 없고 그럴 필요도 없다. 이런 이분법적인 사고는 나의 성장을 저해하는 걸림돌이 될 뿐이다.

직장에서의 삶을 폄하하고
부정적으로 보는 관점을 버려라.
이제는 '워·라·만'이다.
균형이 아니라
더 큰 만족을 찾아서 노력하고 쟁취하라.

언제나 성과를 내는 관계의 리더십 3원칙

●●● 관계의 주도권을 거머쥐는 방법

우리가 누군가를 처음 만나게 되면 우리의 관계는 정확히 평형을 이루고 있다. 그러다가 시간이 흐르면서 균형점이 무너지고 어느 한쪽으로 쏠리게 되는 일이 벌어진다. 그건 어느 쪽에서든 균형을 무너트리는 행동을 했기 때문이다. 나는 이 균형을 깨는 행동을 '빚진 마음 주기'로 정의한다. 타인이 내게 마음의 빚을 지는 순간 관계의 주도권은 내가 쥐게 된다. 하지만 사람들은 보통 '관계'의 주도권을 빼앗기게 되면 반드시 그것을 되찾기 위해 행동을 한다. 이

른바 빚지고는 못 사는 것이다. 조직에서는 이런 반작용을 잘하는 사람에게 '사람이 기본이 됐네'라고 말한다.

빚진 마음이란 말이 다소 개념적이라 실제 예를 들어 설명해보겠다. 참고로 여기서 말하는 세 가지 원칙은 세대를 막론하고 직접 실천해보면 반드시 결과가 나오는 원칙이다.

세계적인 배우 키아누 리브스가 주연을 맡은 액션영화 〈존 윅 3 : 파라벨룸〉에서 주인공 존은 킬러 세계의 규칙을 어겨 전 세계 킬러들의 표적이 된다. 위기의 순간이 찾아오고 존은 옛 지인들에게 도움을 청한다. 이때 과거에 존이 그들을 도왔을 때 그들이 훗날 피로써 은혜를 갚겠다고 맹세한 표식을 내민다. 존은 '네가 가장 도움이 필요할 때 난 기꺼이 도와줬고, 지금 나는 그 빚을 받으러 왔다'며 당당히 요구한다. 이 도움을 거절할 수 없는 것 역시 그 세계의 룰이었다. 다행히 존은 그들의 도움으로 절체절명의 위기에서 벗어나게 된다.

이제 조직으로 들어가보자. 조직에서 뛰어난 역량만 갖추면 승승장구할 것으로 생각하지만 그건 오산이다. 업무 능력과 함께 자신을 지지하고 도와줄 세력이 있을 때에만 지속적인 성장이 가능하고 정상까지 노려볼 수 있다.

조직 내에서 직원의 성장을 좌우하는 중요한 의사결정이 이뤄지는 인사고과를 할 때는 업무 능력뿐만 아니라 회사에서의 태도, 사람들과의 관계까지 두루 살피게 된다. 또 각각의 부서장들은 각자의 직원들을 승진시키기 위해서 다양한 근거 데이터를 제시하며 높은 고과나 승진을 지지한다. 따라서 나의 상사를 포함한 평가자 그룹이 나를 지지하느냐 혹은 반대하느냐에 따라 전혀 다른 결과가 나오게 되는 것이다. 비슷한 수준의 경쟁자들이 많다면 보다 강력한 지지자가 필요하다. 이때 이 질문을 해봐야 한다. 과연 나는 평가자 및 주변에 빚진 마음을 주었는가? 그런 행동을 꾸준히 해왔는가? 어렵지 않게 실천할 수 있는, 그래서 관계의 주도권을 내 쪽으로 가져오는 세 가지의 행동을 정리해보았다.

첫째, 주변에 소소한 즐거움 주기

작은 것부터 떠올려보라. 생일처럼 개인적이지만 의미 있는 기념일을 어떻게 챙기는가? 나는 매일 아침 카카오톡이나 페이스북에서 오늘의 생일자를 확인한다. 그리고 해당자에게 간단한 커피 쿠폰이나 생일케이크 같은 선물을 보낸다. 결코 부담되지 않은 선에서 간단한 선물을 고른다. 선물의 종류도 다양하다. 한번은 구운 달걀을 한 판 보낸 적도 있다. 의외로 좋은 반응을 받았다. 물론 모든 사람에게 보내면 좋겠지만, 어쩔 수 없이 선택할 수밖에 없다. 내가 금수저는 아니기 때문이다.

둘째, 주변 부서와의 관계에 정성을 다하기

평판은 내가 속한 부서에서만 결정되는 것이 아니다. 일을 하다 보면 다른 부서와 협의해야 할 일도 많고, 어떤 경우에는 아쉬운 소리를 해야 할 때도 있다. 이때 어떻게 행동하는가에 따라서 나의 사내 평판이 정해진다. 사실 긍정적 평판의 기본은 업무 처리 능력이겠지만, 그 속을 들여다보면 일과 사람을 대하는 태도가 더 중요해 보이기도 한다.

이 책의 〈운명을 바꾸는 발표력〉 부분에서 상세하게 언급하고 있지만, 나는 타 부서와 중요한 회의를 할 때는 항상 먹을거리를 준비했다. '중요한 회의나 결정은 공복에 하는 것이 아니다'라는 원칙이 있기 때문이다. 다년간의 경험으로 미뤄 보면 사람은 공복에 예민해지거나 집중력이 떨어지는 경향이 있다. 특히 아침 일찍 회의를 할 때는 대부분 아침 식사를 거르고 오는 경우가 많다. 샌드위치나 김

밥 그리고 물을 사전에 준비해서 그들이 편안하게 미팅에 참석할 수 있도록 배려했다.

소위 얻어먹고 나서 비협조적으로 나오기는 솔직히 쉽지 않다. 영향력 및 설득에 관한 전문가인 로버트 치알디니 교수가 쓴 『설득의 심리학』에서 제1법칙으로 설명하는 '상호성의 법칙'이 이것이다. 원하는 것이 있다면 먼저 베풀면 된다. 꾸준히 주변과의 관계에 정성을 보이면 내가 하는 일과 나에 대해 매우 긍정적 이미지가 형성될 것이다. 결국 그것은 업무 성과에 직접적인 영향을 주고, 나의 자존감을 높여 직장생활의 만족도도 더불어 상승할 것이다.

셋째, 기꺼이 도와주기

누군가 급하고 간절하게 도움을 요청한다. 하지만 나도 바쁘다. 그러면 어쩔 수 없이 거절하거나 다음 기회를 기약하는 쪽으로 방향을 잡게 된다. 물론 시간이 걸리거나 내 능력 밖의 일일 수도 있다. 하지만 찬찬히 살펴보면 도움을 요청하는 쪽은 풀기 어려운 문제이지만 나는 쉽게 풀 수 있는 문제인 경우가 의외로 많다. 도움을 요청받았을 때 반사적으로 짜증 난 얼굴을 보이거나 부담스럽다는 말을 건네기 전에 일단 경청해보라. 이런 행동 역시 상대가 나에게 빚을 지게 하는 일이다. 계속해서 빚을 지게 만들면 언젠가 내가 절박한 도움이 필요할 때 그에게 당당하게 도움을 요청할 수 있다. 그것이 좋은 평판이든 진급이든 일생일대의 프로젝트가 되든 말이다.

●●● 만일 내가 ~라면?

관계의 균형을 내 쪽으로 기울게 하는 세 가지 방법에 하나 더 보태자면, 질문의 노하우를 터득하라는 것이다. 상향적 관계를 강력하게 만드는 질문이 있다. 질문만으로도 상사와의 관계를 더욱 돈독하게 할 수 있다.

"만일 내가 상사라면?" 정말 간단한 질문이지만 일하는 관점을 바꾸고 더 큰 성과를 내는 중요한 기술이다. 프레젠테이션 자료를 만들 때 나의 관점이 아니라, 승인해주는 청중의 관점을 깊이 고민하며 만들었을 때 좋은 결과를 얻는 이치와 같다. 직장생활 연차가 얼마 되지 않았다면, 또 경력이 오래되었다고 할지라도 평소에 고민을 해보지 않았다면 그와 같은 사고는 쉽지 않을 수 있다. 경험도 적고 내공도 약한데 어떻게 노련한 상사의 입장을 헤아려볼까, 막연한 생각부터 드는 게 사실이다. 처음에는 이 질문의

답을 생각하다 보면 머리에 쥐가 날 지경이지만, 이 질문은 사고의 폭을 확장하고 상사와의 관계를 긍정적으로 변화시키는 일거양득의 방법이다.

실무를 할 때 나는 경쟁사 조사를 위해 타 브랜드 매장을 방문할 때면 늘 이렇게 스스로에게 물었다.

- **내가 이 회사의 상품기획 총괄이라면**
  이 상품의 가격을 어떻게 책정했을까?
- **내가 이 회사의 사장이라면**
  이 브랜드를 위해 어떤 결정을 할까?

미국계 반도체 회사에 리더십 워크숍 제안서를 냈을 때의 일이다. 교육 담당자는 따로 요청하지 않았지만, 나는 교육 참석자의 3분의 1, 그리고 그들의 상사를 인터뷰하고 싶다고 제안했고, 회사의 승인을 받아 진행했다. 나는 그들에게 무엇을 배우고 싶고 어떤 기술을 개발하고 싶은지를 진지하게 물었다. 기본적으로 회사의 요청이 있지 않는 한 교육업체에서는 피교육생과 일일이 인터뷰를 진행하지 않는다. 시간도 많이 들지만 비용으로 청구할 수 없기 때문이다. 굳이 요구하지 않는 일을 진행하면 인사교육 담당자는 오히려 난감해한다. 그렇다 보니 정확히 회사가 요구하는 내용, 즉 리더십, 문제 해결, 전략 개발 등과 관련한 교육만 진행하게 되는 것이다. 하지만 나의 경우는 똑같은 주제로 교육을 하지만, 구성원들에 대한 인터뷰를 통해서 문제점을 파악하고, 그 내용을 바탕으로 함께 해결책을 찾아보는 교육을 진행한다. 인터뷰 과정을 통해 상호 유대가 형성되기에 교육 당일에는 이미 일면식이 있는 분들을 상대하게 되어 편안한 시작을 할 수 있게 된다. 상대에게만 도움이 되는 것이 아니라 나에게도 도움이 되는 일인 것이다. 이런 정성을 보이면 회사도 다시 생각하게 된다. 교육비용이 다른 업체보다 훨씬 높다고 해도 기꺼이 지불하게 되는 것이다.

나는 회사 교육에 들어가기에 앞서 반드시 스스로에게 질문한다. "내가 참석자라면 무엇을 배우고 싶어 할까?" 철저하게 청중 입장에서 이 강의의 필요성을 고민해보는 것이다.

상대를 고려하고 배려하는
빛진 마음 주기는,
결과를 보장하는 강력한 투자다.

나는
어떤 '싸움닭'인가

●●● 싸움닭 체크 리스트

조직생활을 하다 보면 크고 작은 회의가 수도 없이 많다. 물론 어떻게 하면 성과를 높일 수 있을까 하는 문제가 궁극의 목표다. 짧게는 몇십 분짜리부터 며칠 동안 진행되는 워크숍까지 그 종류도 다양하다. 참석하는 사람도 다양하다. 일할 시간도 부족한데 하루 종일 이 회의에서 저 회의로 회의만 옮겨다니다 퇴근하는 일도 다반사다. 정작 해야 하는 실무는 업무 시간에 하나도 하지 못하고 야근을 하는 일도 부지기수였다(요즘은 워라밸 직장문화라 야근을 못하게 한다지만, 그렇다고 남은 일이 사라지는 것은 아니다. 누군가는 해야만 한다).

누군가는 처리해야 하는 업무 생각에 짓눌려 회의가 부담스럽기도 하지만, 그보다는 그런 회의 자리를 정말 불편하게 만드는 것은 불편한 사람이다. 저마다 불편한 상대는 다를 수 있지만, 아마도 그중에서 가장 불편한 존재는 스스로 총대를 메고 싸움을 걸어오는 사람일 것이다.

성장이라는 정의의 깃발 아래 큰 목소리와 부릅뜬 눈으로 상대의 의견보다 내 의견만을 관철하기 위해 노력하는 사람들이 있다. 하지만 대부분의 사람들은 계속 성장하는 수고보다는 보수적 유지를 추구한다. 왜냐하면 좀 더 편한 길이니까. 그래서 조직에서 그런 사람들을 만나면 불편함을 느낄 수밖에 없다. 월급을 얼마나 많이 받는다고 저렇게 나댈까, 하며 수군거린다. 하지만 이런 사람들을 무작정 부정적으로만 바라보는 건 아마추어적인 발상이다. 성장에는 늘 진통이란 친구가 동반자 관계를 이루기 때문이다. 큰 성장을 이루는 생각일수록 많은 적을 만든다.

지금 속속 조직에 들어오는 90년대생들은 초등학교 시절부터 선생님들로부터 얌전히 행동하도록 부단히 지적받고 남에게 피해를 주지 말라고 교육받아왔다. 부모들도 거친 말을 거의 사용하지 않고 양육하다 보니 그들은 상대가 조금만 언성이 높아도 쉽게 오해하기도 한다. 마치 경상도 사람들이 친구랑 대화하면 타지 사람들이 다소 높은 억양 때문에 싸운다고 오해하는 것과 같다.

내용과 상관없이 큰 목소리와 거친 표현은 나쁜 것으로 받아들여지는 시대에 살고 있다. 그렇다보니 회의에서 고성과를 목표로 자기 목소리를 높인 사람들의 입장이 난감해졌다. 회사에 꼭 필요한 일이고 그가 제시한 계획대로 한다면 좋은 성과를 낼 것이 분명한데도 사람들은 동의해주지 않는다. 이제 방법을 바꿔야 한다.

혹시 당신은 '싸움닭'이라는 평가를 받는 사람인가? 부서 간 또는 팀 간 미팅에서 사람들이 나를 불편해하지는 않는가? 나를 보면 피하는 느낌이 들지는 않는가? 일단 나를 진단해보자.

- 회의 때 말도 안 되는 소리를 들으면 화가 나고 언성이 높아진다.
- 내가 참여하는 회의는 늘 편하게 끝나지 않는다.
- 내가 참여하는 회의에서 얼굴이 붉어지는 사람이 있다. 나이든 타인이든.
- 타 부서의 리더가 나의 상사에게 나의 행동을 시정해달라

고 자주 건의한다.

- 내 상사는 이런 상황을 해결하기보다는 즐기는 것 같다.
- 회사 일은 나 혼자 다 하는 것 같아서 짜증난다.
- 특정 직원이나 상사를 보면 이유 없이 짜증이 난다.
- 무슨 방법을 써서라도 내 의견을 반드시 관철하고 싶다.
- 남들은 이리저리 피하는 일에 애써 총대를 메겠다고 자청한다.
- 상사가 좀 자중하라고 말하는데 왜 그러는지 모르겠다.
- 남을 제압하는 것이 즐겁다.
- 내가 어떻게 행동해도 늘 보호해줄 상사가 있다.

걱정하지 마라. 자신한테 해당하는 체크 사항이 있다고 해서 자신을 싸움닭이라 평가할 필요는 없다. 설령 싸움닭이라고 해서 그것이 꼭 나쁜 것만도 아니다. 나는 심리학자도 뇌과학자도 아니다. 싸움닭 여부를 가리는 연구 결과도 없다. 그래서 몇 개 이상이면 조직에서 불편하게 여기는 싸움닭인지 말하지 않겠다. 그저 지난 20년 이상의 조직생활과 다년간 컨설팅을 한 경험을 바탕으로 사람들이 함께 일하기 어려워하는 유형을 리스트로 만들어본 것이다(오해하지 말기: 일하기 어렵다는 것이 '나쁘다'라는 뜻이 아님).

상사 입장에서 보자면, 이 리스트에 있는 성향을 가진 부하 직원이 있으면 편하지만은 않다. 의욕이 넘치니 좋은 성과도 많이 내지만, 그 외에 관리해야 할 문제가 훨씬 많을 수 있다. 하지만 사내에서도 팀 간, 부서 간 경쟁이 심하므로 약삭빠른 상사들은 그런 직원을 최대한 정치적으로 이용하기도 한다. 자신이 하고 싶지만 주변 눈치와 자기 평판 관리 때문에 하지 못하는 말을 대신해서 해주니 내심 유용한 것이다. 이런 상사들은 다른 부서에 가서 부지런히 사과한다. 나쁜 친구는 아니라며 마치 그를 위하는 척 말은 하지만, 본질은 자기 평판을 위한 행위이다.

하지만 명심해라. 싸움닭이 나쁜 것은 아니지만 결코 오랫동안 쓸 수는 없다. 아무리 잘 싸우는 닭이라도 전투가 거듭되면 지친다. 또 싸움닭은 자신만 상처 입는 것이 아니라 팀 전체에 대한 안 좋은 평판을 만들어내게 되니 결국에는 쓸쓸히 퇴장해야 하는 상황을 맞이할 수도 있다. 어떤 부서에서 앞뒤 따지지 않는 싸움닭이 계속 활개를 치고 다닌다면 그의 상사 역시도 좋은 평가를 받을 수 없을 것이다. 회사는 그의 리더십을 문제 삼을 것이다.

그럼에도 나는 때로 그런 싸움닭이 그립다. 요즘처럼 '나이스(nice)'한 태도가 추앙받고, 우아한 저녁이 있는 삶만

을 좇는 시대에, 당당히 자기 목소리를 내며 앞에서 싸워 주는 이런 직원이 있다면, 리더로서 고맙지 않겠는가. 아무도 힘든 결정을 하려 하지 않고, 거친 경쟁의 시대에 맞서려는 도전정신이 없다면 그 회사는 결코 성장의 길로 나아갈 수 없다.

●●● 박 차장의 싸움닭 시절

아디다스는 2005년도에 잠재력이 큰 러닝 시장을 공략하기로 했다. 그 선두에 선 싸움닭은 박 차장이었다. 2005년 3월에 태스크포스 팀(TFT)이 결성되고 여러 관련 부서의 사람들이 멤버로 차출되었다. 직장생활을 좀 해본 사람들은 알겠지만, TFT 이거 좀 짜증나는 일이다. 관련 부서에 있거나 때로는 유능하다는 이유로 2~3개 TFT의 구성원이 되기도 한다. 회사의 전략적 업무나 중요하게 추진해야 하는 일을 담당하는 팀에 차출되었다는 것이 뿌듯할 수도 있지만, 그만큼 일이 늘어나는 것이어서 마냥 좋아할 수도 없다.

박 차장은 일단 당시 아디다스의 시장을 분석한 뒤 목표를 설정했다. 회사 대표와 임원들에게 발표하기 전에 구성원들에게 생각을 먼저 공유했다. 목표는 우선 급속도로 커지는 마라톤 시장에서 순위 2위를 차지하고 시장 점유율을 14퍼센트까지 달성하는 것이었다. 그다지 큰 목표가 아니라고 생각할 수 있지만 2005년 봄의 아디다스의 현실은 순위 5위, 시장 점유율 4.5퍼센트였다.

마라톤 시장은 10킬로미터부터 42.195킬로미터까지 모두를 대상으로 하는 시장이다. 그런데 중장거리를 뛰려면 신발이 매우 중요하다. 특히 동호인 모임에서마저도 기록을 따지는 한국 사회에서는 기록 갱신을 도와주는 장비에 관심이 많다. 달리기의 핵심 장비는 뭐니뭐니해도 신발이다. 사람들은 신뢰할 만한 제품을 열심히 찾고, 한번 검증이 되면 쉽게 브랜드나 제품을 바꾸지 않는다. 그런 시장에서 점유율이 4.5퍼센트라는 것은 소비자로부터 신뢰를 얻지 못했다는 의미였다. 나는 이런 상황 속에서 무려 10퍼센트를 올리겠다는 목표를 당당히 내건 것이다.

어쩌면 단기적으로 6~7퍼센트로만 끌어올려도 잘했다는 칭찬을 받을 수 있는 상황이었다. 하지만 박 차장은 14퍼센트를 고집했는데, 그가 그 수치를 정한 데는 대단한 이유가 있었던 것은 아니다. 그 당시 뉴발란스가 점유율 13퍼센트 정도로 60퍼센트대를 유지하는 아식스에 이어

2등이었는데 박 차장은 1차 목표로 뉴발란스 제압을 선택한 것이다. 참 단순 무식한 목표였다.

팀에는 박 차장보다 5년 이상 선배인 분을 포함해서 비슷한 정도의 직장 경험이 있는 사람이 절반 정도였다. 그들의 경험에 비추어 볼 때 14퍼센트는 정말 터무니없는 목표로 보였을 것이다. 팀원들은 이 목표치를 절대로 경영진에 발표해서는 안 된다고 했다. 생각보다 반발이 거세긴 했지만 어느 정도는 예상하고 있던 터라 생색내듯 팀원들의 이야기를 들어주는 듯 목표치를 12퍼센트로 내렸다. 아디다스가 4.5퍼센트에서 7.5퍼센트포인트를 가져오면 당연히 뉴발란스나 3위인 나이키의 점유율을 뺏어오는 것이 되니 2위라는 성과는 자연스럽게 뒤따라오게 되는 것이었다. 하지만 이 역시 동의를 얻을 수 없었다.

반대가 계속되자 박 차장은 결국 '뚜껑'이 열렸고 싸움닭의 면모를 유감없이 드러냈다. 모든 구성원들 앞에서 반대의 목소리를 내는 선배에게 직격탄을 날렸다. "지금 그 말에 책임지겠습니까? 이 시장을 키워야 하는데 왜 자꾸 뒷다리를 잡는 겁니까? 제가 경영진에게 이런 상황을 보고해도 괜찮으시겠습니까?"

당신이 후배한테 저 말을 듣는 선배였다면 어떤 생각이

들었겠는가? 선배는 그렇게 자기 생각만 고집할 거라면 어디 한번 혼자서 해보라고 했다. 결국 박 차장은 불과 몇 명만을 데리고 일 년 동안 쉬지 않고 일을 해나가야 했다. 그렇다. 박 차장의 목표 자체는 정말 멋졌다. 하지만 박 차장의 태도는 결코 세련되지 못했다. 오히려 많은 사람들에게 상처를 주었다. 결국에는 박 차장 역시도 더 많은 도움을 받을 수 있는 기회를 놓쳤다.

결과는 놀랍게도 11.8퍼센트를 달성하면서 2위 자리를 꿰찼고 그 이후로도 위치의 변화는 없었다. 단지 결과만 보자면 참 뿌듯하고 후배들에게 자랑스럽게 말할 수 있는 성과지만, 박 차장은 몇 년이 지나 그때의 일을 사과했다. 왜 날카로운 칼날로 다른 이들에게 지워지지 않을 상처를 주었을까 반성이 되었다. 이후 박 차장은 상처를 덜 주면서 목표를 이뤄낼 다른 방법들을 고민하기 시작했고, 공식적인 자리에서 싸우는 방식은 피하고 사전에 설득을 위해 충분히 대화를 했다는 후문이 있다.

회사의 회의 자리에 참석하는 사람들은 같은 회사의 일원이지만 그 안에서 또 각자의 이해관계가 있다. 그러니 좋은 아이디어라 하더라도 때로는 선뜻 받아들여지지 않을 때도 있다. 하지만 중요한 일일수록 피 흘리는 방식의 싸움은 피해야 한다. 만약 박 차장이 그때 더 많은 사람의 동의와 열정을 끌어냈다면 그 결과는 어땠을까?

●●● 싸움의 기술

고성과를 꿈꾸는 당신은 팀의 성과를 위해 싸워야 한다. 누군가를 불편하게 할지라도 때로는 싸움닭이 되어야 한다. 상사도 당신을 충분히 지지해줄 것이다.

하지만 어떻게 싸울 것인가는 충분히 고민해야 하는 문제다. 날카로운 칼날을 발에 장착하고 죽을 때까지 싸우는, 가슴 아픈 경기장의 검투사는 되지 마라. 상사가 싸우라고 했다고 다 싸울 이유도 없다. 목표는 싸워서 피를 흘리는 것이 아니다.

생각을 관철하는 방법은 다양하다. 싸움닭을 자처하던 박 차장이 반성하고 지혜를 얻었던 것처럼, 싸우기 전에 이미 이긴 싸움을 해야 한다. 제대로 싸우고 원하는 결과를 이뤄내는 네 가지 행동 요령을 머리에 각인시켜라.

- 주의하라! 회의에서 날카로운 칼날 같은 언사와 행동을 하면 남들이 놀란다는 것을.

- 알아두라! 대한민국 직장인의 90퍼센트는 착하고 여리다는 것을.
- 선행하라! 중요한 일일수록 비공식 석상에서 충분히 협의하고 경청하는 지혜의 싸움을.
- 명심하라! 직장은 피 흘리다 쓰러지는 곳이 아니라, 나를 성장시키고 발전시키는 멋진 곳이 되어야 한다는 것을.

내가 원하는 결과를 얻고 싶다면
근사한 싸움닭이 돼라.
왼발엔 더 많은 정보를,
오른발에는 대화와 경청의 영리함을 장착하고
출격!

제3부

Competency

만반의 준비를 해도 패배의 순간은 찾아온다

The Boss Manual
for 90s

조직에서 나를 매력적인 사람으로 만드는 법

●●● 나의 매력지수는?

다음 항목은 생각나는 대로 적어본 것이다. 순서는 의미가 없다. 어쩌면 쓸데없고 사소한 것도 많을 것이다. 그렇지만 아무리 성공 성장 서적이라 하더라도 이런 코너 하나쯤은 괜찮지 않은가?

- 상사가 커피 한잔하라고 카드를 주면 상사의 것도 챙겨온다.
- 야근 식사 때 자장면과 함께 온 단무지 랩은 내가 벗긴다.

- 회사 송년회 때 장기 자랑에서 모두가 경악하게 해봤다.
- 나의 패션 스타일에 사람들의 관심이 많다(헤어, 액세서리, 브랜드 등).
- 현악기나 금관악기로 한 곡쯤은 멋지게 연주할 수 있다.
- 가끔 좋은 정보를 팀 동료들과 공유한다.
- 맛집은 모두 나에게 물어본다.
- 내가 발표하면 남녀노소, 직위에 상관없이 좋아한다.
- 사내 행사가 있으면 나에게 먼저 의뢰가 들어온다(사회, 행사 기획 등).
- "이거 해볼 사람?" 이런 질문이 끝나기도 전에 내 손이 먼저 반응한다.
- 회의에서 나온 결과를 회의 열기가 식기도 전에 정리해서 보낸다.
- 복사기의 복사지를 채워 넣는다. 토너를 간다.
- 정수기 주변이 어지러우면 정리한다.
- 부서 우편물을 내가 직접 챙겨서 배달해준다.
- 궂은일도 마다하지 않는다.
- 권한을 위임받은 일은 상사가 묻기 전에 중간보고 한다.
- 상식이 풍부하다. 가끔 사자성어도 쓴다. 심지어 한자로 쓸 줄도 안다.

- 10분 이상 남의 이야기를 경청할 수 있다.
- 책을 자주 읽고 주변 사람들에게 좋은 책을 추천한다.
- 스포츠 하나 정도는 제대로 할 줄 안다. 그리고 꾸준히 한다(마라톤, 축구, 농구, 테니스, 배드민턴, 수영, 발레 등).
- 연극, 영화를 자주 즐긴다.
- 인기 드라마를 꼭 챙겨 보고, 관련 대화에 참여해 의견도 낼 수 있다.
- 월드컵이 열리면 스코어 내기에도 참여한다. (왜 이렇게 호들갑이냐고 정색하지 말고 만 원쯤은 걸어라. 월드컵은 고작 4년에 한 번이다.)
- 물개박수에 자신 있다.
- 세련된 아재개그를 알고 있다. 또 아재개그에 정색하지 않는다.
- 전 세계 1천만 명 이상이 사는 도시 세 곳은 가봤다(뉴욕, 파리, 상하이, 런던, 도쿄, 베이징, 델리, 상파울로 등).
- 박물관이나 미술관에 가는 것을 즐긴다.
- "웃어드리면 안 된다"라고 하지 않는다.
- 인문학 서적을 일 년에 한 권은 읽는다.
- 좋은 일이 있으면 주변에 알리고 식사나 차를 대접한다. (너무 샘나는 일은 자제하라.)

이 질문 가운데 10개 정도는 체크했기를 바란다. 3할 타자도 10개 중 3개밖에는 못 치는 것이니, 30개 중 10개만 체크해도 잘하고 있는 것이다. 당신은 이미 매력적인 사람이라는 뜻이다. 지금 조금 부족하다면 계속 채우면 된다. 나머지 20개도 계속 도전해보라.

●●● 가진 것과 만드는 것

서양 철학을 대표하는 그리스 3인방이 있다. 우리가 너무나 잘 아는 소크라테스, 플라톤, 아리스토텔레스이다. 그중 대학 시절 뜻도 모르고 읽었던 아리스토텔레스의 『정치학』에서 이런 글귀를 읽은 기억이 난다.

'사랑의 경우와 마찬가지로 정치의 경우도 모든 것을 보여줘서는 안 된다.' 원색적으로 이해하자면 다 보여주지 말고 조금씩 보여주어라. 사람은 더 이상 보여줄 것(매력)이 없는 정치인에게 흥미를 느끼지 못한다는 뜻일 것이다. 맞는 말이다. 더 이상 보여줄 게 없는 이에게 매력을 느낄 수 있겠는가? 연애 관계도 이를 잘 증명해주지 않는가?

하지만 나는 만약 아리스토텔레스를 만난다면 이렇게 반문해보고 싶었다. "오늘 다 보여주더라도 계속 보여줄

것을 만들어내면 되지 않나요?" 내가 가진 얼마 되지 않는 알량한 매력으로 계속 사람들을 사로잡겠다는 것도 위선이 아닐까? 매력을 만들 수 있다고 하니까 막막한 생각이 드는가? 혹 매력은 타고나는 것이라고 생각하는가? 아니다. 앞서 제시한 문항들이 나의 매력지수를 높이는 방법이라는 데 동의한다면, 그것을 달성하는 것은 그다지 어렵지 않다. 누구나 충분히 할 수 있지만, 이런저런 핑계로 미뤄두거나 해야 하는 이유를 찾지 못해서일 뿐이다.

조직에서 나를 매력적으로 만드는 것은 단순히 일을 잘하는 것 하나로는 부족하다. 거기에 더해 무엇보다 중요한 것은 일과 사람을 대하는 태도이다. 매력지수 체크리스트도 찬찬히 따지고 보면 그 두 가지 요소와 관련된 것이 대부분임을 알 수 있다.

거기에 인문학적 교양까지 더해진다면 금상첨화가 될 것이다. 사람들을 계속 내 주변에 머물게 하는 자석과 같은 매력을 통해서 나의 성장은 물론 조직의 성장도 훨씬 더 수월해진다.

당신이 직장생활을 갓 시작했다면 반드시 명심하라. 조직의 상부로 가는 것은 혼자의 힘으로는 절대 불가능하다. 나를 지지하는 사람이 많을수록 훨씬 가능성이 높고 수월한 게임이다. (직장이 어느 정도 만만해지면 잊어버리기 때문에 명심하라고 부탁하는 것이다.)

매력은 계속해서 만들 수 있다.
그러니 오늘 당신의 매력을 다 보여줘도 된다.

'일'이 아닌,
'나'에 대한 피드백 받기

●●● 그 해 우리는 우리를 너무 몰랐다

드라마 작가들은 많은 자료를 참고하고 많은 사람을 만난다. 실험실의 과학자처럼 현미경으로 사람의 심리를 꿰뚫어보고 촌철살인의 대사를 쓰기 위해 밤낮을 보내는 사람들이다. 그렇게 해서 통찰력 있는 대사가 탄생하고, 사람들은 드라마를 통해 인생을 배우기도 한다.

2021년 SBS에서 방영된 미니시리즈 〈그 해 우리는〉의 여주인공 국연수 팀장의 대사다.

"작가님께 반드시 사과하셔야 할 거라고 말씀드렸습니다, 팀장님. 감정적인 게 아니라 공감입니다. 공감 능력 없이 지적 능력으로만 일 잘하는 건 자랑이 아니죠? 공감 능력도 곧 지능입니다. (…) 제가 장도율 팀장님과 같은 사람으로 평가된다니 제 지난 행동들을 반성하게 되네요."

드라마에서 장도율 팀장은 '사회성 없는 클라이언트'이다. 타인에게 무관심하고 대행사나 작가에 대한 존중 따위는 없다. 함부로 내뱉는 막말 때문에 업계에선 이미 사이코로 불리는 인물이다. 그런데 국연수 팀장이 그를 상대하게 되었다. 그녀 역시 평소 자기밖에는 모르고 자기가 최고라고 여기는 인물이다. 그런데 그런 그녀가 장 팀장을 통해 자신을 마주하게 된 것이다. 내가 이런 사람이었다고? 인정하고 싶지 않지만 자기 모습이 거기에 있었다. 장 팀장의 행동은 그의 의도와 상관없이 국연수 팀장에 대한 일종의 피드백이 되었다. 국연수 팀장은 분명 이 깨달음 후에 한 단계 훌쩍 성장했을 것이다.

기업 임직원 대상의 코칭을 하기 전에 반드시 거치는 과정이 있다. 해당 직원에 대한 다면평가이다. 내가 나를 제대로 알 수 있다면 얼마나 좋을까? 하지만 다양한 이유로 우리는 자신을 정확히 보지 못한다. 특히 일 잘하는 사람들에게서 공감 능력 부재는 흔히 볼 수 있다. 자신의 방식과 자신의 생각으로 성과를 내게 되면 내 속은 온통 나로만 가득 차게 된다. 상대의 말은 항상 미덥지 못하다. 남의 생각이 내 속으로 전이될 때만 생겨나는 공감은 이미 내 속에 들어설 자리가 없는 것이다.

정말 당신이 뛰어난 사람이라면, 더 발전하고 싶은 욕망이 있다면 자기 자신을 정확히 확인하는 과정이 필요하다. 내가 관심을 기울이지 않는 관계가 나의 발목을 잡는 순간에 되돌아보면 이미 늦다. 조직에는 나의 성장을 원치 않는 경쟁자가 항상 도사리고 있다. 한 발짝만 잘못 디디면 바로 지뢰다.

●●● 나를 알아보는 세 가지 방법

미국 컬럼비아대학의 경영자 수업(MBA) 과정에서 성공한 CEO들을 대상으로 성공 요인을 물었는데 85퍼센트가 '관계의 힘'을 꼽았다. 전문적인 기술이나 지식이 아니라 "원만한 인간관계 및 다른 사람과의 공감 능력"이 성공과 실패를 갈랐다는 것이다.

나의 인간관계나 공감 능력이 어느 정도인지 알기 위해서는 무엇보다 나 자신이 어떤 사람인가를 아는 것이 중요하다. 나를 파악하는 방법으로는 세 가지를 추천할 만하다. '피드백 받기' 방법인데, 보통 피드백이라고 하면 일에 대한 것을 떠올리지만, 여기서 피드백은 나에 대한 것이다. 세 방법을 모두 시도해볼 것을 추천한다. 그리고 상사에게 공식적으로 다음의 내용을 해보고 싶다고 요청해보라.

사내 뛰어난 상사로부터 피드백 받기

후배들에게 멘토링을 해줄 때면 이런 말을 곧잘 한다. 부디 성공하지 못한 사람에게 미래의 방향을 묻지 마라. 보통 미래에 대한 고민이 있으면 친한 사람들에게 하소연한다. 하지만 친한 사람끼리는 재밌게 노는 것이 맞다. 가보지 않은 길을 묻고 싶다면 이미 가본 사람, 그 길에서 성공한 사람들에게 물어야 한다.

조직에서 성공하는 방법이 궁금하다면, 당연히 이미 성공한 사람, 조직에서 인정받고 있는 사람에게 묻는 것이 정답이다. 그 사람이 봤을 때 나는 어떤 상태인가를 묻는 것이 핵심이다. 문제는 그런 분들은 대체로 매우 바쁘다.

이야기할 기회를 얻기가 쉽지 않을 수 있다. 그렇다고 물러서지 마라. 반드시 방법을 찾아내라.

당신이 직접 보고를 하는 상사에게 도움을 요청하는 것이 좋다. 물론 자신을 어느 정도 알고 있는 사람 중에서 골라라. 이런 분들에게 피드백이나 멘토링을 받으면 그들의 성공 비결까지 덤으로 얻을 수 있다. 반드시 좋은 펜, 좋은 노트는 미리 준비해 지참할 것.

내 팀과 타 팀에게서 피드백 받기

부담스러운 영역이 자신의 팀에게 피드백 받기다. 가까운 사이일수록 어렵기도 하지만, 한편으로는 그만큼 나를 가장 잘 알고 있고 객관적으로 바라봐줄 수 있는 존재들이다. 이때는 궁금한 항목을 적어서 설문 형식으로 진행하는 것이 좋다. 예를 들면 1) 협업 능력 정도는? 2) 공감 능력에 대한 평가는? 3) 발표력 수준은? 4) 긍정적 이미지와 부정적 이미지로는 어떤 것이 있는가? 등의 항목이면 좋겠다. 특히 협업의 관계에 있는 타 팀에게서도 협업이나 공감 능력에 대한 피드백을 받으면 좋은 참고가 될 것이다. 직접 대면해서 진행하기 어려운 상황이라면 구글 설문을 이용해보는 것을 추천한다.

친한 친구로부터 피드백 받기

친구들에게 성공에 대한 조언을 얻으라는 것은 아니다. 나를 오래 봐온 친구들은 나를 잘 안다. 좋은 점과 개선점 모두를 말이다. 그런데 친구 사이에는 굳이 단점이나 개선점을 말하지 않는다. 서로가 서로의 좋은 점 때문에 만난 사이기 때문에 큰 결점이 아니라면 그냥 덮어주는 것이다. 그렇지만 서로에 대해서는 누구보다도 정확하게 알고 있는 것이 친구다. 공식적으로 제대로 물어본다면 의외로 좋은 피드백을 받을 수도 있다.

●●● 내가 나의 발목을 잡지 않도록

헤드헌팅을 하는 지인에게 이런 일이 있었다. 어떤 사람이 큰 회사의 지사장 자리에 확정되고 계약서에 사인까지 했는데, 그 후보자에게 치명적인 문제가 있음이 밝혀진 것이다. 그가 과거 대기업 부서장을 지내던 시절 직원들에게 거친 말들을 함부로 했던 것을 고발하는 내용이 국민 신문고에 올라온 적이 있음이 발견되었다. 해당 회사의 직원이 찾아서 인사부에 알려준 것이다. 결국 그 후보자는 계약 해지 통보를 받았다. 그는 업무적으로는 뛰어난 성과를 냈었다. 하지만 그의 리더십은 사람을 아프게 하는 것이었다. 그는 그런 일이 벌어지기 전까지 자기 자신에 대한 피드백을 전혀, 혹은 제대로 받지 못했을 것이다. 어쩌면 일에서 거둔 성과들에만 도취되어 누군가 진심으로 해주는 말들을 귓등으로 들어 넘겨버렸는지도 모른다.

다음 세 가지를 꼭 기억하자.

1. **팀장의 자리에 오르기 전에 나의 개선점을 모두 파악하라.**
2. **팀장이 되면 부서장이나 임원에게 부지런히 피드백을 요청하라. 물론 팀원들에게도.**
3. **팀장을 이끄는 부서장이나 임원급이 되면 팀장들에게 피드백을 받으라. 그리고 사외 멘토를 확보하라.**

성공적인 직장생활이 목표라면,
반드시 성공한 선배에게 물어본다.

운명을 바꾸는 발표력

●●● 결정적 순간

회사 복도를 지나다 마주친 사내 임원 한 분이 나를 보며 반가운 표정을 지어 보인다. '굿모닝'이란 말 대신 "어제 피티 정말 잘하던데! 임원인 나도 할 때마다 긴장되는 게 피티인데 말이야. 대단해!" 나의 직장생활에 서서히 동이 트는 순간이다. 존재감 없던 나에게 새로운 운명의 장이 열리는 순간이다.

직장인이라면 반드시 갖춰야 하는 필수 역량이 발표력이다. 사내에서 빈번히 이뤄지는 회의나 워크숍에서 자신의 존재감을 각인시킬 수 있는 가장 확실한 방법이다. 남보다 큰 목표를 가지고 빠른 속도로 성장하고 싶다면 더욱이 이 발표력을 집중 연마할 필요가 있다. 평상시에는 사원이 다른 부서나 경영진들에게 자기 생각과 역량을 직접 펼쳐 보일 기회가 거의 없는데, 회의나 워크숍은 자신을 드러낼 수 있는 절호의 기회다. 경영진들이 회사 매출을 증가시키는 데에만 관심을 갖는다고 생각한다면 큰 오산이다. 그에 못지않게 신경 쓰는 것이 인재 찾기이다. 인재는 기업의 지속적 성장의 중요한 열쇠이기 때문이다.

그렇다면 경영진은 인재를 어떻게 찾을까? 첫째는 각 부서를 맡고 있는 상사의 추천일 것이다. 둘째는 경영진인 자신이 직접 발탁하는 것이다. 어떤 상사가 자랑하는 직원이 있다면 일부러 프로젝트를 맡기고 그에게 발표 기회를 주라고 주문한다. 직접 확인하고 싶기 때문이다. 이런 사실을 아는 신세대 직원들은 많지 않을 것이다. 잘하고 싶다는 마음은 가득하겠지만 말이다.

그런데 입사 후 긴장하던 시기가 지나면 많은 것이 만만해지기 시작한다. 운전을 할 때를 생각해보라. 처음 운전면허를 따고 나서는 뒤 유리창에 대문짝만하게 '초보운전'이라고 써 붙이고 허리를 꼿꼿이 세우고 핸들을 잡은 손에 힘이 들어간다. 그러다가 2~3년이 지나면 어떻게 되는가. 한 손으로 핸들을 잡기도 하고, 라디오 채널을 맞추는 여유도 생기지 않는가. 회사생활도 마찬가지다. 신입이던 시절에는 긴장해서 몇 번이고 확인하고 준비했던 회의가 점점 쉬워진다. 자세도 조금씩 흐트러진다. 진지하던 표정도, 뛰던 심장도 점점 편안한 상태가 된다.

프레젠테이션이 중요하다는 정도는 모두 알겠지만, 그 순간이 내 운명을 가르는 결정적 순간이 될 수 있다는 생각까지는 못할지도 모르겠다. 직장생활의 노하우를 코치하는 수많은 컨설턴트들이 강조하지만, 그 순간을 내 것으로 만들기 위해 체계적으로 학습하고 연습하며 준비하는 직장인은 얼마나 될까? 자신 있게 말하지만 별로 없다.

모든 실수는 나의 자세에서 비롯된다. 산의 정상은 고사하고 겨우 등산로 입구에 도착했을 뿐이다. 벌써 짐을 내려놓고 쉬고 싶다면, 당신은 결코 목표한 지점의 경치를 볼 수 없을 것이다. 중요하다는 말도 너무 많이 하면 짜증나니 본론으로 들어가보자.

●●● P.A.S.S.

누구보다 수많은 고민을 했고 프레젠테이션이 뛰어나다는 평가를 받았던 경험을 바탕으로 그 노하우를 이야기해보려 한다. 성공을 보장하는 발표 사자성어를 공유하겠다.

P.A.S.S.

P	Preparation	준비
A	Audience	청중
S	Storytelling	스토리텔링
S	Service	서비스

확실히 운명을 바꾸고 싶다면 기억하라. PASS 통행증. 다른 나라로 입국하려면 심사대에서 PASS를 받아야 한다. 놀이공원에서 기구를 타려면 PASS가 필요하다. 무사통과를 뜻하는 PASS는 성공적인 발표를 위한 4단계 원칙이다. 구체적인 이야기는 이어서 정리해보겠다.

나를 드러낼 순간이다.
프레젠테이션이 운명을 가른다.

PASS

프레젠테이션
성공 법칙 4가지

●●● P: 준비

사전 조율(pre-alignment)

발표할 내용을 관련자들과 미리 조율하라는 것이다. 회사생활 초반 아직 회사 분위기가 파악이 안 되었을 때는 특히 신경 써야 하는 대목이다. 승인이나 협조를 받아야 하는 측이 우리 팀이나 부서가 아니라면, 더 나가 사내 갑을 관계라면 그들은 사전 조율 대상 1순위다.

그리스의 한 오래된 마을 어귀에 이런 글귀가 있다고 한다. "선한 뜻은 이뤄지기 힘들다." 세상 사람들이 모두

내 마음 같지는 않다. 아무리 내용을 충실히 준비하고 발표를 잘 해도 이런저런 이유로 반대하는 사람이 있고, 승인이 거절되는 일은 비일비재하다. 때로는 일의 내용과는 상관없이, 순전히 사내의 정치적 역학관계 때문에 거절되는 일도 있다.

발표 내용이 참석자 모두가 처음 접하는 내용이라면 큰일이 벌어질 수 있다. 특히 평소 불편한 경쟁 관계이거나 사내 갑을 관계라면 더욱이 상대편의 피드백을 미리 받아야 한다. 가능하면 그들이 중요하게 생각하는 것들을 고려해 발표 내용에 포함해주는 것이 좋다. 생각을 균형 있게 녹여냈다는 느낌을 반드시 줘야 한다.

어느 대학에서 학생들을 위한 〈운명을 바꾸는 프레젠테이션〉이란 강의를 마쳤을 때의 일이다. 학생들과 함께 강의를 들었던 교수님이 다가오더니, “제가 대기업에 다니던 시절에 이 강의를 들었더라면 좋았을 텐데요”라며 다소 회한의 눈빛을 보내왔다. 궁금해서 커피를 한잔하며 그의 이야기를 들어보았다. 그는 누구나 아는 굴지의 대기업에서 상품 디자인을 담당했는데 어느 날 부회장까지 참석한 자리에서 신제품을 발표하고 있었다. 그런데 갑자기 생산 부서의 책임자가 그 제품의 전력 소모가 얼마나 되느냐고 물었다. 자신은 디자이너라 전력 소비 부분까지는 미처 파악하지 못했지만, 부회장까지 있는 자리에서 뭐라도 대답을 해야겠기에 어림짐작으로 얼버무렸다. 그러자 바로 그 책임자는 틀렸다고 했고 이어서 옥신각신하는 상황이 벌어졌다. 실제 발표자가 대답한 것이 맞다고 하더라도 그 분야의 신뢰할 만한 타 부서의 사람이 틀렸다고 말하는 순간 모든 것은 꼬이기 시작한다. 결국 그 교수는 이 사건으로 사직서를 내게 됐다고 한다. 부회장까지 있는 자리에서 발표 하나 제대로 준비하지 못한 매니저라는 낙인이 찍힌 것이다. 더욱이 그의 팀장마저 아무 도움을 주지 않아 그는 상당한 배신감을 느꼈다고 한다.

발표하는 자리에 참석자가 누구인지 파악하고 미리 예상 질문지를 작성한 다음 팀과 함께 답변 내용을 사전에 연습하는 것이 중요하다. 아무리 완벽한 제품을 만들고, 기획안을 작성했다고 해도 발표하는 자리에는 나를 깎아내리고 물어뜯으려는 하이에나도 함께 있다는 사실을 절대 잊지 마라. 겸손하게 미리 다가가서 의견을 청취하고 존중하는 제스처를 취하라. 미안해서라도 함부로 행동하지 못하도록 말이다.

프레젠테이션의 목적은 PASS를 얻는 것이다. 내 능력을 뽐내고 잘난 척하는 무대가 아니다. 워낙에 중요한 부분이라 순서도로 정리해보았다. 반드시 하나도 빠뜨리지 말고 챙기기를 당부한다.

1) 사전 협의 대상, 특히 의사 결정권자의 성향 파악 → 2) 사전 피드백 받기 → 3) 예상 질문 점검 → 4) 사전 연습

PPT 슬라이드 점검

발표에서는 내용뿐만 아니라 챙겨야 할 것들이 더 있다. 철자 오류, 문법 이상 여부, 인용 내용의 정확성, 글씨체 및 크기에 대한 확인을 부지런히 해야 한다. 이 중에서 가장 강조하는 것은 서체의 크기이다. 문서 형식 및 발표 시간 관련해서 참고할 만한 규칙이 있다. 미국의 유명한 투자가이며 동기부여가인 가이 카와사키(Guy Kawasaki)가 말한 10-20-30 룰이다.

일단 내용은 10장 정도로 정리한다. 발표 시간은 20분 이상은 넘기지 않는 것이 좋다. 사람들은 이 회의에 참석하는 것 말고도 할 일이 많다. 글자 크기는 30폰트로 해달라. 왜 30폰트인가? 일반적으로 조직에서 승인권자들은 나이가 많다. 30대 임원, 대표가 나오는 시대이지만 여전히

40대 중반에서 50대가 대부분이다. 이런 분들 중 상당수가 이미 노안으로 문서를 읽는 데 불편을 겪고 있다. 그러니 글자 크기가 너무 작아서 미간을 찌푸리거나 안경을 썼다 벗었다 하게 하는 일은 피해달라는 것이다.

젊은 발표자들은 대부분 약병의 깨알 같은 설명도 읽을 수 있는 건강한 눈을 가졌을 것이다. 또 젊은 사람들은 아무래도 글자 크기를 작게 하는 것을 선호하는 경향이 있다. 디자인적으로 좀 더 세련되어 보이는 것도 사실이다. 더욱이 100인치 이상의 스크린을 이용해 발표하다 보면 그 생각은 전혀 하지 못한다. 나이 드신 분이라도 이런 정도의 크기라면 괜찮다고 생각한다. 하지만 기업의 회의 자리에서 중역들, 즉 승인권자들의 자리에 무엇이 놓여 있는가? 바로 당신이 작성한 A4 사이즈의 PPT 자료다.

기업에서 회의를 진행해보면 그분들이 자료의 보이지 않는 글을 읽으려고 안경을 들었다 놨다, 또 돋보기로 바꿔 써보기도 했다가, 결국에는 읽기를 포기하는 경우를 목격한다. 중요한 승인권자들에게 불편함을 제공한 그대는 유죄다. 그래서 참석자가 누구인지를 미리 확인하라는 말을 한 것이다. 특히 매출과 관련된 자료는 가급적 가장 큰 용지인 A3로 출력해서 반으로 접어두는 센스도 잊지 말기.

연습 또 연습

한국 농구 역사에서 국보급으로 분류되는 이충희 선수의 일화를 소개하고자 한다. LG 세이커스의 감독도 지낸 분이다. 서장훈보다도 훨씬 선배 격이니 젊은 사람들은 모를 수도 있겠다. 이충희 선수의 시력이 양쪽 다 0.2였다. 이 정도면 골대에서 1~2미터만 떨어져도 골대가 제대로 보이지 않는 시력이다. 하지만 어떻게 최고의 선수가 되었을까? 비결은 바로 연습이다. 그는 고등학교 대학교 재학 당시 매일 1000개의 슛 연습을 했다고 한다. 어느 거리, 어떤 각도에서도 골을 넣을 수 있도록 피나는 연습을 했다. 심하게 말해 운동선수에게 0.2라는 시력은 거의 장애에 가깝다. 장애도 연습으로 극복한 놀라운 사례다.

연습하지 않고 본무대에 서는 것은 범죄 행위이다. 최고를 보여주려는 노력 없이 최고의 대접을 받고자 하는 것은 반회사적 행위와 같다. 간단한 팀 내 발표 하나도 절대 만만하게 봐서는 안 된다. 연습하는 것이 회사에서 여의치 않다면 집에서도 해보고 머릿속으로라도 반드시 연습하라. 큰 무대에 서는 경우라면 무대에서 어떻게 움직일지에 대한 계획까지 세워야 한다. 예를 들어 호텔에서 행사를 진행한다면 조명이 발표자를 향하기 때문에 청중이 잘 보이지 않는다. 그런 가운데서도 표정을 관리하고 청중과 하나하나 눈을 맞추려는 연습이 필요하다. 가급적 뒤의 화면을 보지 않고서도 내용을 발표할 수 있도록 거듭해서 리허설을 하는 것이 좋다. 발표자가 여럿인 경우 한 사람이 긴 시간을 연습하기 어렵고 또 쑥스럽기도 하다. 그래서 공식 연습이 끝난 뒤 양해를 구하고 혼자서 연습해보는 것도 자신감을 키우는 데 도움이 된다.

또 하나 기억할 것은 정해진 시간을 절대 넘기지 말라는 것이다. 시간을 넘기면 자신도 쫓기고 승인으로 마무리되어야 할 회의가 내용을 다 말하는 것조차 어렵게 된다. 연습을 통해서 시간 개념을 정립해야 한다. 발표 내용에 집중하다 보면 시간을 점검하지 못하는 경우가 생기는데 꼭 같은 팀의 누군가에게 신호를 보내달라고 말해놓는 것이 좋다. 프레젠테이션에서 우리는 기계적 장치에 의존하는 일이 많지만, 언제나 사람만한 게 없다는 것을 기억하라.

발표 장소 사전 점검

장소를 사내와 사외로 분리해서 살펴보자. 발표장이 사내라면 익숙한 공간이기 때문에 그래도 부담이 크지 않다. 신경 쓸 것이 있다면 사전에 노트북과 빔/스피커의 궁합을 맞춰보는 것이다. 멀쩡히 작동하던 것이 갑자기 안 되는 경우를 너무 많이 보았다. 4차 산업이니 AI가 일상화되는 시대에 이상하게 들릴 수 있지만 절대로 기계는 믿지 마라. 기계는 언제든지 예고없이 고장날 수 있다. 이때를 대비해 비상계획(contingency plan)도 반드시 생각하라. 발표할 때 어디에 서서 진행하는가도 중요하다. 승인권자, 선임이 앉는 자리를 고려해 그들과 눈 맞춤(eye contact)을 자연스럽게 할 수 있는 곳에 서는 것이 좋다. 자연스럽게 시선을 더 많이 배분하면 상대에게 존중의 느낌을 줄 수 있다.

사외에서 진행되는 경우는 반드시 지리적 위치를 선행적으로 살펴야 한다. 또 회의의 중요도를 고려하여 1~3시간까지 여유 있게 도착해서 다음의 모든 사항에 대한 점검을 마쳐라. 반드시 담당자와 미리 통화하고 사전에 다음 내용을 꼭 점검해야 한다. 어느 하나라도 안 되면 난감한 상황을 맞이할 수 있다.

- 움직임 동선을 어디서 어디까지 할 것인가?
- 목소리는 어느 정도 크기로 할 것인가?
- 어디에 서면 자연스러운 눈 맞춤이 가능한가?
- 스피커는 제대로 작동하는가?

- 연결 케이블은 준비되어 있는가? 무슨 종류인가? (HDMI가 일반적이지만 아직 RGB가 있는 곳도 있다.)
- USB에 내용을 백업해서 가져가는가?

승인을 부르는 장소 세팅을 위해서 다음 세 가지를 명심하라.

1. 애석하게도 내가 원하는 세팅이 되어 있는 곳은 지구상 어느 회의실에도 없다.
2. 나는 반드시 승인을 얻어내야 한다.
3. 무슨 수를 쓰든 가장 편안한 형태의 환경을 사전에 구축하라.

●●● A: 청중/관객

그들의 관점에서 작성된 자료

수많은 프레젠테이션이 뜨뜻미지근한 반응 속에 끝나는 이유는 무엇인가? 내가 돋보이려는 발표를 하기 때문이다. 유레카를 외치며 만든 내용일지라도 그 내용은 어쩔 수 없이 나의 관점이고 좀 더 확장하면 팀의 관점이다. 참석자를 배려하지 않는 관점은 회의 시간 내내 그들을 불편하게 만든다. 사전 준비 과정에서 의견을 경청하고 조율을 한다면 매우 균형감 있는 관점을 가진 내용이 만들어질 것이다. 상대방에게 의견을 묻기가 힘들다면 선배나 상사를 부지런히 괴롭혀라.

훅 들어가지 않기

인사하자마자 PPT 첫 장을 읊어대는 것은 아마추어적인 모습이다. 얼음 깨기(icebreaking) 혹은 라포르(rapport)를 형성하는 작업을 하라. 본론으로 들어가기 전에 가벼운 이야기나 대화를 통해 친밀감을 형성하는 작업을 하라는 말이다. 이는 참석자뿐만 아니라 나에게도 중요하다. 참석자와 편한 관계를 맺어두면 긴장감을 낮추고 전체 발표를 리드할 수 있다.

이때 어떤 방법을 쓰면 효과적일까? 오랜 노하우를 하나 공개하자면 미리 가서 미리 온 참석자와 대화를 나누는 것이다. 최근에 대기업의 팀장 40여 분을 대상으로 강의를 진행하게 되었을 때도 일찍 도착해서 사람들과 인사를 나누고 요즈음 이슈에 대해 가벼운 대화를 나눴다. 그리고 모두가 도착하면 그 이야기 중 하나를 자연스레 연장해서 나누면서 강의를 시작하는 것이 좋다. 가능하면 주제와 관련된 이야기라면 더 좋겠다. 또 알아두면 좋을 것 같은 사례들을 간단하게 하나 소개하면서 시작하는 것도 좋다.

어설픈 개그나 영화 등의 이야기는 하지 말아라. 당신이 재미있게 보고 흥행한 작품이라 할지라도 안 본 사람이 훨씬 많다는 것을 기억하라. 배가 부르면 사람이 너그러워지듯 흥미로운 이야기도 마음을 너그럽게 한다.

●●● S: 스토리텔링

2002년 1월 경주의 한 호텔에서 1천여 명의 대리점 사장님과 핵심 직원을 모시고 수주 행사가 열렸다. 수주 행사는 두 개의 중요한 축으로 구성이 된다. 한 축은 회사의 전략 방향과 상품기획 팀장들이 상품 마케팅의 전략을 처음으로 공유하는 것이고, 다른 한 축은 앞으로 6개월 뒤에 나올 상품을 전국의 대리점이 주문하는 것이다. 첫 번째 축에서 대략 10여 명이 발표자로 나왔던 것으로 기억한다.

그 당시 발표자들은 모두 메모지를 손에 들고 발표했다. 발표 내용과 뒤의 스크린을 부지런히 번갈아 보는 그들에게 청중인 대리점 분들과의 친밀한 관계 형성은 찾아

볼 수 없었다. 회사 입장에서 보면 대부분이 아는 분들이고, 어쨌든 회사가 일단은 갑의 입장이니까 굳이 목숨 걸고 발표할 일은 아니었다. 회사가 전달하고자 하는 방향성을 틀리지 않고 정확하게 전달하는 것이 목표였다. 그런데 한 사람이 그 관행을 거부하고 빈손으로 무대에 등장하더니 단 한 번도 뒤를 돌아보지 않고 발표를 끝내고 무대를 내려왔다. 암기 천재가 왔다 간 것인가? 그가 발표를 끝내고 내려왔을 때는 회사 직원들이 술렁이는 것을 느낄 수 있었다.

후일담을 들어보면 "어디서 저런 물건이 들어왔냐?"는 기획 마케팅 총괄 상무님의 말씀이 있었다고 한다. 현장에 있던 직원들은 어떻게 저게 가능하냐며 신기해했다. 남다른 암기력을 가졌는가 보다고 생각하는 사람도 있었다. 어떻게 한 번도 자료를 보지 않고 그 많은 내용을 말할 수 있는가? 그것도 당당하게. 나는 지금도 그때 찍힌 사진 한 장을 가지고 있다. 가끔 보면서 참 멋있었다고 스스로 칭찬해준다.

이제 각설하고 그 이야기를 해보자. 나는 암기 천재가 아니다. 그냥 보통 수준이다. 어떤 수준의 지능을 가졌는지는 상관없다. 스토리텔링에 비밀이 숨어 있다. 동화를 예로 들어보자. 당신은 다음의 동화를 어린아이들에게 들려줄 수 있겠는가? 『콩쥐 팥쥐』, 『심청전』, 「피노키오」, 「신데렐라」, 「백설공주」, 할머니나 어머니가 어린 시절 들려줬던 전설의 고향 등등. 당신은 분명히 할 수 있다. 책이 손에 없어도 가능하다. 그것을 스토리로 기억하기 때문이다. 단어나 문장으로 기억하는 것이 아니라 스토리로 기억하기 때문에 보조 자료 없이도 충분히 그 이야기를 재생할 수 있는 것이다.

그렇다면 중요한 것은 발표할 내용을 스토리로 구성하는 것이다. 자료를 만들기 위해 타이핑부터 시작하지 말고 내용을 어떻게 전달할지를 고민하고 설계해야 한다. 한 장 한 장이 연결되어 하나의 스토리가 되도록 만들어야 한다. 중요하게 신경써야 하는 부분은 장과 장의 연결에 쓰이는 이음새의 구사이다. 예를 들면 다음과 같다. “지금 이 장에서 말한 것들을 제대로 해낼 방법은 무엇일까요? 중요한 방법을 다음 장에 세 가지로 준비해보았습니다.” 그리고 다음 슬라이드로 넘어가라. 다음 장에 대한 호기심을 유발하는 것이 스토리텔링이다. 이미 다 보여주고 흥미로운 내용을 말하겠다는 것은 다큐멘터리다. 모든 장이 끊어진 듯 그 장을 주저리주저리 읽는 사람에게 흥미를 가질 청중은 없다. 물론 숫자가 많은 실적 보고 발표는 예외일 수 있다.

기업에서 이뤄지는 발표는 기업의 미래에 대한 전략 상품 발표가 상당히 많다. 이때가 특히 스토리텔링이 힘을 발휘하는 순간이다. 스토리텔링으로 발표를 하면 스크린이나 모니터에 눈을 고정하지 않고 자연스럽게 청중과 호흡할 수 있다. PASS를 결정할 분들과 눈 맞춤도 제대로 못한다면 그런 발표가 어찌 나의 운명을 바꿀 수 있겠는가?

사내에서 한다고 만만하게 생각하지 말고 나의 스토리텔링 역량을 점검받아라. 선배든 후배든 모니터링을 부탁하라. 그리고 재정적 여유가 있다면 부디 외부 전문가들를 찾아 배우기를.

●●● S: 서비스

서비스란 말은 어떤 프레젠테이션 관련 책을 봐도 나오지 않는다. 하지만 이것은 프레젠테이션의 시작과 마무리에 대한 것이라서 매우 중요하다.

회의를 어느 시간대에 시작하느냐에 따라서 준비해야 하는 것이 달라진다. 만약에 여러분이 부득이하게 오전 9시에 프레젠테이션을 하는 상황이라고 가정하자. 특히 서울을 비롯한 대도시의 경우에 집에서 출발해서 9시 미팅에 참석하려면 늦어도 7시에는 일어나야 한다. 보통 여성의 경우는 준비 시간이 더 걸리니 최소 6시 30분에는 기상이다. 하지만 여기서 핵심은 기상의 어려움이 아니다. 준비할 시간도 만만찮은 상황에 식사를 하고 나오기가 무척 어렵다는 것이다. 발표자는 이런 부분까지도 세심히 살펴보는 지혜를 갖추어야 한다.

Q. 오전 9시에 중요한 회의를 진행하는 사람은 다음의 보기 중 무엇을 준비해야 할까?

1. 피티 자료 2. 간단한 아침거리

A. 1, 2번 모두

간단한 아침거리로 무엇을 준비할 것인가? 이왕 준비하는 거 참석자의 취향을 저격할 수 있다면 더 기분 좋게 시작할 수 있을 것이다. 걱정하지 마라. 몇 번만 해보면 그다음부터는 스스로 보일 것이다. 기본적으로는 김밥이나 샌드위치 그리고 물을 준비하라. 김밥은 삼각김밥이 아니라 일반 김밥이다. 삼각김밥은 위험하다. 맛있지만 먹는 과정이 조금 번거로울 수 있다. 겉 포장이 완벽하게 분리되지 않으면 살짝 짜증이 날 수 있고, 손이 지저분해질 수도 있다. 물도 몇 가지 종류를 준비해보라. 삼다수, 옥수수 수염차, 에비앙(특히 여성 참석자가 있다면 꼭 준비해보라. 사이즈는 작은 것으로).

왜 이리 먹는 것에 집착할까? 아침을 거르고 회의 자리에 앉으면 공복감이 밀려온다. 집중이 되지 않고 짜증이 날 수 있다. 인간은 공복에 거칠어지는 경향이 있음을 우리는 잘 안다.

발표를 하는 사람도, 듣는 사람도 각자의 일을 하는 것뿐인데 굳이 이런 정성까지 들여야 하는가? 단도직입적으로 이런 돈은 아껴서는 안 된다. 사내에서도 이와 같은 비용을 투자의 개념으로 정립하는 것이 좋다. 내가 그 오랜 세월 개인 맞춤으로 훈련하면서도 단 한 번도 거르지 않는 것이 바로 먹을 것이었다. 그래서 도움이 됐냐고? 당연하다. 받아야 할 대우보다 분명히 더 받았다. 막말로 먹어놓고 화를 낼 분이 얼마나 되겠는가? 화를 내더라도 수위를 조절하게 된다. 인간이 사는 조직에서 실력에 화룡점정을 찍는 것은 정성이다.

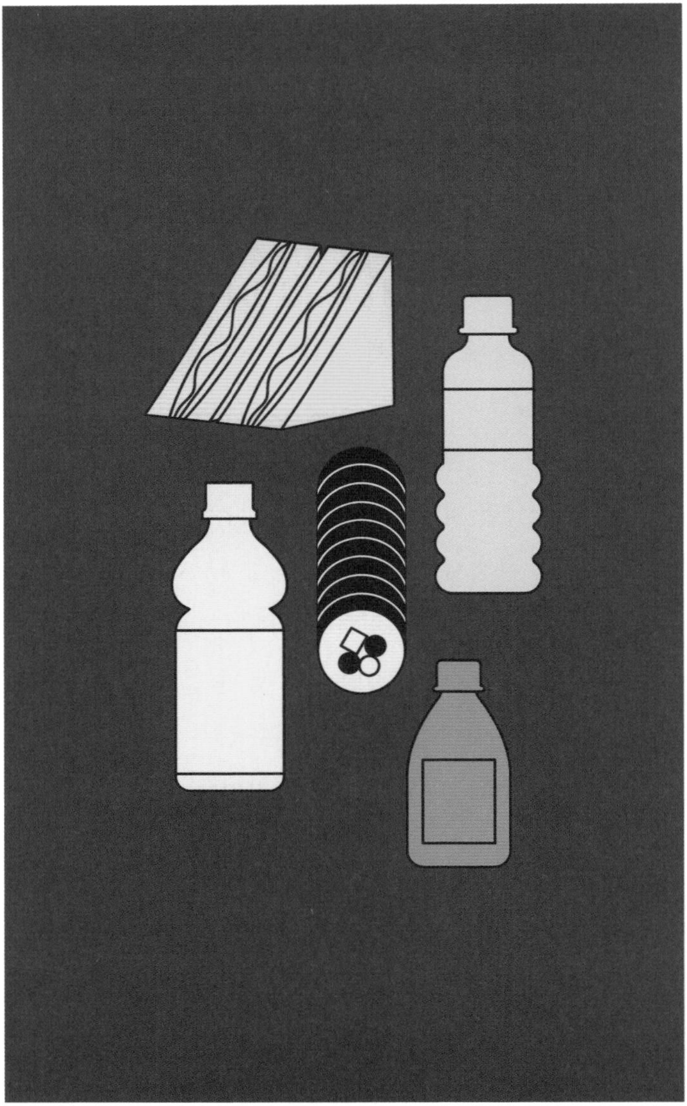

보너스 문제

여름철 점심 이후에 바로 시작하는 미팅에서는 무엇을 준비해야 할까? (정답은 잠시 후에)

이제 간단히 배를 채우고 미팅을 잘 마무리했다. 그러면 다 끝난 것인가? 아니다. 미팅에서 나온 청중의 의견과 그 미팅에서 결정된 내용을 빠짐없이 정리해서 참석자들에게 보내는 작업이 남았다. 일을 하다 보면 실무에다 미팅도 한두 건이 아니다 보니 이 일을 소홀히 하거나 그다음 날 처리하는 경우가 있다. 최악은 잊어버리고 아예 하지 않는 것이다.

회의록을 작성하지 않는 회사들을 보면, 그런 회사는 잡음이 끊이지 않는다. 인간의 기억력은 시간에 따라 급속도로 떨어지기에 서로가 같은 장소에서 같은 내용을 들었어도 다르게 기억하는 일이 비일비재하다. 이런 기억의 차이로 서로가 갈등하는 상황을 막아주는 것이 바로 서비스다.

아무리 바빠도 기억이 소멸하기 시작하는 네 시간 전에는 회의 내용을 정리해 보내는 것이 좋다. 늦게 진행된 회의라도 워라밸을 주장하면서 그냥 퇴근하지 마라. 반드시 회의에 참석한 고객들에게는 감사의 표시와 그들이 준 소중한 의견 그리고 그것을 언제까지 실행할지에 대한 실행 계획을 담은 편지를 보내라. 이메일로 말이다.

보너스 문제 정답

아이스크림. 대신 종류를 세 가지 정도로 할 것. 메로나는 필수. 그 외 죠스바나 돼지바도 깨알 같은 웃음을 줄 수 있다.

만반의 준비를 해도 패배의 순간은 있다.
그래도 승리의 순간이 더 많으면 괜찮지 않을까.

슬픈 예감과 팩트 사이

●●● 슬픈 예감 적중률 99.9퍼센트의 비결

왜 슬픈 예감은 틀린 적이 없을까? 그런데 조금만 생각해 보면 그 이유를 알 수 있지 않은가. 이미 스스로는 슬픈 결과가 초래될 것을 알고 있었다. 그만큼밖에 준비하지 않았기 때문이다.

조직에서 일어나는 슬픈 예감은 거의 적중률이 99.9퍼센트 정도에 이른다. 그러니까 이건 예감의 문제가 아니라 그냥 팩트이다. 이것이 팩트라면 예방하는 방법이 분명히 있을 것이다.

틀린 적이 없는 나의 예감, 그 시작점을 상대방에게서 찾는 데서 문제가 시작된다. 다음 상황을 생각해보자.

1. 박 부장이 분명히 꼬치꼬치 캐물을 거야. 지난번처럼 나를 세워놓고 바보로 만들겠지.
2. 박 대리한테 회식하자고 하면 이미 정해진 약속이 있다고 하겠지. 짜증 나.
3. 박 대표는 분명히 내 제안서에 시비를 걸겠지. 안 봐도 뻔해. 갑질의 대왕이야.
4. 박 차장이 이번 내 발표 때도 자기 홍보하려고 어려운 질문만 골라서 하겠지.
5. 박 상무한테 결재 빨리 받아야 하는데 오늘도 자리에 없겠지.

이 싸한 예감을 다시 해석해보자. 당신이 놓친 것은 없는가?

1. 박 부장이 물을 만한 예상 질문을 내가 충분히 준비했는가?
2. 요즘 젊은 친구들은 약속이 많고 회식도 좋아하지 않는

다. 알면서 왜 번번이 닥쳐서 회식을 잡으려 하는가?

3. 박 대표가 시비를 거는 이유가 사적인 감정 때문인가? 내가 잘못한 일이 있지는 않은가? 아니면 내 제안서는 정말 완벽한가?
4. 박 차장이 그런 사람이라는 것을 알고 있으면서 또 내 발표에만 집중할 건가? 박 차장과의 관계 개선은 안 할 건가? 아니면 박 차장을 아예 추켜세워주는 방법을 써보는 건 어떤가?
5. 박 상무가 바쁘고 자리에 잘 없는 걸 이미 알고 있다. 그런데도 번번이 짜증과 실망의 감정만을 갖고 살 건가? 아까 엘리베이터에서 마주쳤을 때 붙잡았어야지 않았는가?

●●● 팩트와 예감을 구분하라

팩트를 가지고 자꾸만 예감이라고 우기지 마라. 어쩔 수 없는 것인 양 치부하는 것은 개선이 필요한 나의 잘못된 습관이다. 충분히 예상되는 것을 대비하지 않아서 생기는 문제는 예감도 역량의 문제도 아닌 그저 게으른 습관의 문제다. 한 발 앞으로 딛지 않는 나의 게으름 탓이다.

게으름이 만들어내는 '싸한 예감' 목록을 만들어보자.

대상자 혹은 상황을 먼저 적은 뒤, 그에 관련한 싸한 예감을 적어본다.

1. ______________________________
2. ______________________________
3. ______________________________
4. ______________________________
5. ______________________________

하나씩 앞에서 제시한 방법대로 재해석해보라. 그리고 하나씩 개선해보라. 이것은 역량의 향상으로 이어질 것이다. 나에게 위협이 되는 존재나 행위를 하나씩 제거해나가는 것은 조직에서 성장으로 이어지는 무척 높은 수준의 역량이다.

미국의 한 기관에서 10여 년 전쯤에 재미난 조사를 했는데, "당신이 가장 두려워하는 것은 무엇입니까?" 하고 물은 것이다. 10위권에는 개, 고독, 비행, 죽음, 질병, 높은 곳, 곤충 등 다양한 답들이 자리했는데 그중 1위를 차지한 것이 놀랍게도 '대중 앞에서 말하기'였다.

우리나라도 아니고 유치원 때부터 손들고 발표하는 일

이 자연스러워 보이는 미국에서? 그런데 영국에서도 비슷한 설문이 있었고, 2위를 차지한 것이 '대중 앞에서 말하기'였다. 자기 생각을 서슴없이 잘 말한다는 젊은 세대에게도 공식적인 발표는 여전히 쉬운 일만은 아닐 것이다.

정말 대중이 무서운 건가 보다. 두려움은 대상을 알 수 없을 때 생긴다. 앞으로 일어날 상황을 예측할 수 없을 때 사람들은 두려움을 느낀다. 하지만 그렇다고 손 놓고 두려워만 하고 있을 수는 없다. 슬픈 예감이 아니라 일어날 일을 예상하고 대비해야 한다. 문제에 대처할 수 있는 도구를 준비하라. 청중, 관객, 상사. 나를 실시간으로 재단하고 평가하는 이들이다. 알고 보면 '싸함'의 원초적 진앙지다.

인류는 수백만 년 동안 풀숲의 바스락거리는 소리에도 두려워하며 살았다. 어둠 속에서 나쁜 예감이 들면 최대한 피해 다닌 부류도 있지만, 당당하게 맞선 사람도 있다. 순간 웅크리고 움츠러들었다가도 상황을 살피고 닥칠 일을 이것저것 가늠해보면서 어둠을 헤치고 나간 이들이 있다.

조직에서도 이런 두려운 예감들은 우리를 웅크리게 만든다. 이런 문제는 타인이 해결해줄 수 없다. 오로지 스스로 강해지는 것을 통해서만 해결될 수 있다.

촉이니 예감이니 이런 상스러운 단어들로 신성한 뇌를

어지럽히지 말라. 당신의 뇌를 리부팅하라.

슬픈 예감은 게으른 내가 만드는 것일 뿐.
지금 당장 두려움의 목록을 작성하고
하나씩 행동으로 지워나가라.

내 분야의 반대편에 관심을 가져라

〖지금부터 말하는 인문학적 소양이란 사람을 목적으로 여기고 소중하게 대하는 자세를 의미한다. 즉 인문학적 소양을 더하라는 말이 철학·심리학·문학의 대가가 되라는 의도가 아님을 먼저 밝혀둔다. 이 책은 공기처럼 가벼움을 추구하기 때문에 철(학)든 이야기는 아니다.〗

●●● IT 능력에 인문학적 소양 더하기

IT 업계에만 대략 20년간 몸담은 김진 대표는 지금 IT 업계에서 유니콘을 꿈꾸는 스타트업 회사를 컨설팅하고 있다. 그는 대학에서 컴퓨터공학을 전공하고 2003년부터 한 기업의 전산실에서 프로그래머로 직장생활을 시작했다. 5년간 근무한 다음 자신의 사업을 창업했고 지금은 자문, 사업계발, 프로젝트 매니징 등의 일을 하고 있다.

그에게 인문학 공부는 굳이 필요 없었다. 컴퓨터만 있어도 충분히 돈을 벌 수 있고 세상도 점점 더 그렇게 바뀌어나갈 것이 확실했기 때문이다. 더구나 그는 성향상 여러 사람을 만나 이야기하고 때로는 설득해야 하는 것이 편하지 않았다. 그런데 취직을 하고 나니 컴퓨터 프로그래머라고 해서 컴퓨터하고만 일하는 게 아니었다. 결국은 사람과 더불어 일하는 것이었다. 하지만 그렇다고 해서 인문학적 소양을 쌓아야겠다는 생각까지는 하지 못했다.

퇴사하고 창업한 후에야 인문학적 소양이 매우 중요하다는 사실을 깨달았다. 사업을 키우려면 무엇보다 사람에 관한 공부가 근본이 돼야 한다는 것을 절실히 느꼈다. 인문학은 결국 사람을 탐구하고 이해하는 학문이다. 그래서 김 대표는 인문학의 여러 분야 중에서도 심리학을 공부하기 시작했다. 회사에서 마케팅을 잘하기 위해서는 무엇보다 사람들의 심리를 아는 것이 중요했기 때문이다. 나아가 대학 MBA 과정에 등록하기도 했는데, 경영과 사람에 관한 공부를 체계적으로 하고 싶었기 때문이다. 현장에서 전문가인 것처럼 이런저런 이야기를 하고 있지만, 스스로 너무 얄팍한 지식만을 팔고 있는 것이 아닌가 하는 회의가 들었다고 한다.

김 대표는 현재 대학에서 창업이란 주제로 강의를 하고 있는데 스타트업을 하려는 학생들에게 이런 코칭을 많이 한다고 한다. 학교에 다닐 때 되도록 반대편 공부를 해보라고. 컴퓨터공학을 전공하는 친구들에게 경영학이나 심리학 과정을 필수적으로 수강하라고 권장한다. 기술 분야의 창업을 하려는 사람들에게도 마찬가지의 조언을 한다. 항상 출발은 사람에 대한 연구부터 시작하라고 말이다.

나는 100퍼센트 문과생이다. 고등학교에서도 문과 선택이었고, 대학에서는 언어를 전공했다. 직장에서는 전략개발, 상품 기획, 마케팅 업무를 한 것이 이력의 전부다. 하지만 지금은 다소 아이러니하게도 IT, 화학, 제조업 회사를 대상으로 주로 컨설팅하는 일을 하고 있다.

그런데 한편으로 생각해보면 김 대표가 결국에는 깨달은 것처럼, 소위 이과 분야에 종사하는 사람들일수록 문과적 소양이 필요한 것인지도 모른다. 실제로 전문 프로그래머들을 코칭하다 보면 인간관계에서 어려움을 겪는 경우를 자주 본다.

신입 때는 그야말로 프로그램만 잘 만들면 될지도 모른다. 하지만 시간이 지나면서 동료와 협업을 할 일도 많아지고 또 팀을 이끌어야 하는 위치에 오르게 된다. 이럴 때 난관에 맞닥뜨리게 되는 것이다. 기계와의 교감은 익숙하지만, 사람과 대화하는 것은 어색해하는 경우가 많다.

사람과의 접촉이 적으니 상대에 대한 이해의 폭도 좁다. 어떤 회사는 정식의 팀 미팅은 아예 진행하지 않고, 간단히 커피나 한잔하면서 이야기를 나누거나 심한 경우에는 담배를 피우면서 업무 진행 상황을 점검하는 경우도 있다. 이런 상황이 오래된다면 회사가 위험해지는 것은 물론, 개인 역시도 점점 경쟁력을 잃어가게 될 것이다.

기계를 조작하는 능력, 프로그램을 개발하는 능력만으로는 분명 한계를 맞이할 수밖에 없다. 그 안에 사람에 대한 고민, 세상을 바라보는 철학이 담기지 않으면 그것은 오래 유지되지 못한다.

●●● 커피 즐기는 CTO 마빈 조

프로그래밍에 관심이 많은 사람이 선택하는 길은 크게 두 가지다. 회사에 취직해서 계속 모니터를 보면서 코딩을 하거나 스타트업을 시작하는 것이다.

그런데 이 두 길을 걷다 보면 점점 사람과 더불어 일하는 것을 잊어가게 된다. 반년 이상 코칭을 했던 CTO(최고기술경영자) 마빈 조는 사람에 관한 관심이 참 많은 분이었다. 자칫 삭막할 수 있는 분위기의 개발 부서에서 항상 웃음을 주는 모습을 많이 보았다. 본인도 프로그래머의 일을 하면서 바쁜 와중에도 부지런히 직원들과 커피 타임을 갖거나, 점심 이후에 젊은 프로그래머들과 함께 핸드폰 게임을 하는 등 회사 분위기를 좋게 만들기 위해 노력하는 모습이 인상적이었다.

그는 프로그래머뿐 아니라 타 부서원들에게도 인기가 높다. 고집이 없는 것은 아니지만 대화가 되기 때문일 것이다. 그 결과 대기업이 좋은 인재들을 싹쓸이하는 상황에서도 안정적으로 회사를 운영해오고 있다. 그의 사업 성공의 비결은 무엇보다 사람을 대하는 그의 태도에 있는 것으로 보인다.

그 역시 한평생 프로그래밍만을 즐기고 살아온 사람이라 컴퓨터와의 대화가 가장 편하지만, 결국은 사람이 중요하다는 사실을 요즘은 더 느끼고 있는 것 같았다.

마빈 조는 말한다.

"요즘 젊은 친구들은 회사를 쉽게 그만둡니다. 어려운 과제나 불리한 상황에 처하면 얼마 지나지 않아 못하겠다고 하고 회사를 나갑니다. 그런 이유가 아니더라도 단순히 회사 일이 재미가 없다고 그만두는 일도 많습니다. 물론 모든 젊은 세대 프로그래머의 이야기는 아닙니다. 오해는 마시고요. 제가 20년 가까이 IT 일을 하면서 목격해온 변화를 말씀드리는 겁니다. 그런데 이렇게 쉽게 직원들이 퇴사하게 되면 결코 회사에도 도움이 되지 않습니다. 당연히 이런 친구들을 잘 정착시키는 방법이 무엇일까를 고민하게 되지요. 그래서 제 나름의 방식으로 보여주는 것입니다.

개발 부서가 아닌 다른 부서의 사람들과도 친하게 지내는 모습을 보여줍니다. 모니터에만 코를 박고 있지 말라는 무언의 메시지도 보냅니다. 레고 동호회를 만들어서 사람들과 대화하고 업무를 벗어나 놀 수 있는 기회를 만들려고 했습니다. 회사에서 괜찮은 동료, 재미난 일을 계속 만들어준다면 그들 역시 이곳에 정착하기가 쉬워지지 않을까요?

젊은 세대가 이전과는 다르다고 불평하고 비난을 할 것이 아니라 그들이 오래 함께하고 싶은 회사문화를 만드는 것도 선배들이 할 일이라고 생각합니다."

나도 한마디 붙였다.

"회사가 좀 더 크레이지(crazy)했으면 좋겠어요. 배달앱 배달의 민족이 만들어낸 미친(?) 물건, 때밀이 수건 '다 때가 있

다'처럼 말이에요. 저는 한때 강의 때마다 볼펜을 수십 개씩 사서 답을 잘하는 사람들에게 나눠준 적이 있어요. 그 볼펜의 이름은 '나도 언젠간 쓸데가 있겠지'였습니다. 이 구역의 미친 X가 우리일 수도 있지 않을까요? 미친 X를 무시하거나 외면하지 않고 그들을 존중하고 지원해준다면 의외의 성과가 분명 따라올 것입니다."

8개월을 지켜본 마빈 조가 추구했던 것은 0과 1 사이의 게임이 아닌 사(람)와 사(람) 사이의 게임이 아닐까 한다. 모니터에서 잠시 고개를 돌려 사람을 보는 개발자가 많은 회사가 영속할 수 있지 않을까 하는 생각을 해본다. 특히 요즘 IT 공룡 업계에서 벌어지는 안타까운 사건을 접할 때마다 이런 생각을 지울 길이 없다.

●●● 결국은 인문이다

기술은 결국 사람을 향하고 있지 않은가. 우리가 어떤 회사의 제품을 선택하는 데는 그 안에 담긴 감성이 상당 부분 영향을 미치지 않는가. 가전 회사들이 최첨단 기술의 집약체를 만들고도 그들이 대중을 설득하는 데 쓰는 방법은 무엇인가. 감성에 호소하는 것이다. 기술은 결국 사람에게 더 큰 편리와 기쁨, 온기를 주기 위한 것이기에 사람의 마음을 읽는 것이 무엇보다 중요하다.

지금은 그야말로 젊은 프로그래머들의 세상이다. 문과생들의 연봉을 압도하고, 부모는 자식을 어떻게든 이과 계열로 보내려고 안간힘을 쓰는 중이다. 전자파 나오는 덥고 답답한 지하 전산실에 갇혀 일하던 시대에서 쾌적한 사무실에서 큰 모니터를 켜고 회사가 제공하는 각종 편의를 누리며 일하는 시대가 되었다. 프로그래머라면 서로 모셔가려는 시대가 되었다.

1990년대생 IT인들은 이미 잘나가고 있으니 누구의 조언 따위는 상관없다고 생각할지 모르겠다. 그럼에도 나는 다시 한번 꼰대 짓을 해본다. 여러분의 세상 반대편을 부지런히 들여다보라고. 더 넓은 세상, 더 높은 목표에 이르는 길은 어쩌면 그 반대편 세상에 있을지도 모른다.

1970~80년대생 IT 리더들에게도 한마디 하고 싶다. 후배들의 마음이 차갑게 식지 않도록 따듯한 커피 타임을 부지런히 갖길 바란다. 우리가 지향하는 것이 사람임을 늘 강조해주고, 짧더라도 미팅은 앉아서 제대로 하시라. 우리가 코딩하는 기계가 아님을 몸소 보여주길 바란다. 연극도

보고 영화도 함께 보시라. 좋은 책도 함께 읽어보시라. 그래야 후배들을 뺏기지 않을 것이다.

더 소중한 것은 모니터 너머에 있을 가능성이 높다.
지금 당장 모니터에서 눈을 뗀다.
실시!

내 가능성을 7배 높여주는 회사 '베프'

●●● 직장은 친구 만들러 오는 곳이 아니다?

세계적인 조사기관 갤럽(Gallup)이 30년간 500만 명을 대상으로 한 조사에 의하면, 직장에서 '베프(BF, 베스트 프렌드)'를 가진 직원들은 일에 전적으로 집중할 가능성이 일곱 배나 높고, 더 생산적이고 혁신적이라고 한다. 또한 답변자의 절반 이상이 직장에서 동료가 동기부여의 요인이라고 답했다. 동료와의 연대감, 연결감은 업무 효율성을 높이기도 하지만 무엇보다 개인의 행복감에도 영향을 미친다는 점에서 매우 중요하다.

하지만 경험 많은 선배들은 갤럽의 이런 설문 결과에 정면 도전하며 말한다. 직장은 친구나 만들러 오는 곳이 아니라고. 만약에 그 친구가 나의 상사가 되거나 그 반대의 경우가 됐을 때 어떻게 할 것이냐고 말이다. 그래도 나는 내 생각을 굽힐 뜻이 없다. 적보다는 친구 아닌가!

회사에서 프로젝트는 대체로 팀으로 진행되거나 여러 부서와 협업을 해야 하는 경우가 일반적이다. 즉 아무리 개인의 능력이 뛰어나고 좋은 취지를 가진 일이라 할지라도 타 부서의 도움 없이는 잘되기가 쉽지 않다. 더군다나 새로운 프로젝트는 부담스럽고 기본적인 업무 외에 시간을 별도로 내야 하는 번거로움까지 귀찮은 요소가 가득한 게 일반적이다. 그저 안면을 튼 정도로는 협조를 얻어내기가 어렵다.

하지만 평소에 일부러 시간을 내서 좋은 관계를 만들어 온, 더욱이 나이도 비슷한 또래가 협업자라면 이야기는 달라진다. 직장 '베프'들은 기꺼이 윤활유 역할을 해줄 것이다. 때로는 부담을 떠안으면서까지 말이다.

●●● 베프를 얻는 전략

그렇다면 좋은 '베프'를 얻는 방법을 알아야 한다. 사람과 사람 사이의 관계는 그냥 이루어지지 않는다. 노력이 필요하다. 다음 네 가지 방법을 생각해볼 수 있다.

1. 미래의 '베프'에게 미리 '베푸'는 것이 중요하다. 즉 누군가 어려운 일을 진행하고 있을 때 관심을 보이고, 작은 일이라도 도움을 주려는 자세를 보이는 것은 아주 빠른 시간에 '베프'를 만드는 방법이다.
2. 내가 하는 일에 진심이어야 한다. 자기 일에 프로 정신을 가지고 임하는 사람은 매력이 있다. 다른 노력을 하지 않아도 열정을 가지고 에너지를 뿜어내는 모습에 반해 자연스럽게 다가오는 사람이 생긴다.
3. 깨알같이 상대의 대소사를 챙겨라. 생일에는 커피와 케이크, 혹은 작은 액세서리 같은 것이라도 선물로 챙기는 것이다. 학창 시절 친구에게 한 것처럼 하면 된다. 지나치지 않으면서 기분이 좋아지는 선물을 하는 것을 습관화하면 좋다. 상대방이 좋아하는 것을 미리 알아둔다면 백점이다.
4. 평소에 공감대를 형성해놓으라. 같은 동호회에 가입해 취

미생활을 함께하는 것도 좋다. 나는 사내 산악회를 오랫 동안 운영했는데 산악회에 속한 많은 타 부서 분들이 실제 업무에서 나에게 항상 호의적인 모습을 보여주었다.

이제 가장 좋은 펜을 들고 내가 회사에서 베프로 만들고 싶은 사람의 이름을 적어보라. 그리고 그를 공략하는 전략을 구상해보자.

베프 이름 : ______________________________

나의 전략 : ______________________________

직장은 놀러 오는 곳이 아니다.
그래도 적보다는 친구!

시간의 힘을
얕보지 마라

●●● 나의 행동 원칙 한 가지

직장 초년 시절 나의 행동에 기준이 된 책 한 권을 소개한다. 미국인 컨설턴트인 제프리 J. 폭스가 쓴 『How to become CEO』이다. 국내에 진작 번역되어 소개되어 있다. 이 책은 '남에게 밀리지 않고 조직의 정상에 오르는 데 필요한 서바이벌 원칙'을 담고 있다. '앞 광고'를 하는 것이 아니고 이 책을 30번 이상 읽은 사람이 자발적으로 추천하는 책이다.

작가는 성공한 CEO들을 인터뷰하고 연구해서 도출한

결과를 75가지 원칙으로 정리했다. 그중 나의 행동의 중요한 원칙이 되는 한 가지를 소개한다.

"제18장: 45분 먼저 출근하고 15분 늦게 퇴근하라."

나의 사회생활에서 중요한 원칙이 되는 한 문장이다. 직장을 다닐 때도 이 원칙을 철저하게 지켰고 지금도 외부 강의를 요청받으면 이 원칙에 기반해 최소 한두 시간은 일찍 가서 준비한다. 컴퓨터 연결 관련 문제가 발생해도 일찍 도착하면 해결이 가능하다. 이런 태도로 임하다 보니 강의 내용을 떠나 주최 측으로부터 성실하다, 정성이 있다는 평은 기본 값이다.

●●● 시간의 힘 계산하기

지금부터 산수를 해보자.

45분+15분=60분 (여기서 전제는 자발적으로 낸 1시간이다. 비자발적 야근은 제외한다.)

대한민국의 법정 업무 시간을 계산해보자.

> 365일-104일(주말)-휴가(15~25일)-국경일(13~15일)

이렇게 산수를 하면 대략 227일이 된다.
그럼 이제 60분, 즉 1시간의 힘을 계산해보자.

> 227일 동안 1시간을 일하면 총 몇 시간이 되는가?
> 정답: 227시간

227시간을 하루 업무 시간 기준 8시간으로 나누면 28.3일, 거의 온전한 한 달이다. 그렇다. 45분 일찍, 15분 늦게는 이렇게 강력한 결과를 낸다. 다른 사람보다 정성껏 자발적으로 한 달을 더 일하면 뭐가 돼도 된다.

만약에 안 되면? 이런 부정적 질문은 사절이다. 그럼 진짜 안 된다.

시간의 힘을 의심하지 말 것.

제4부

Skill & Technique

조직이 선택하는 사람의 비밀

The Boss Manual
for 90s

나이키는
왜 압도적
세계 1위인가?

●●● 스포츠 업계의 두 거인

세계에서 가장 유명한 스포츠 브랜드, 아디다스와 나이키의 이야기를 해보려 한다. 1924년 한여름인 7월 독일 한 시골 마을 헤르초게나우라흐에서 아돌프 다슬러와 루돌프 다슬러 형제가 신발 공장을 설립했다. 공동 경영을 하던 형제는 1948년에 사업을 분리했고, 루돌프 다슬러가 푸마를, 아돌프 다슬러는 자신의 애칭인 '아디'와 이름 '다슬러'를 합하여 아디다스를 창업했다. 이들 형제는 나이키가 등장하기 전까지 세계 스포츠 시장을 석권했다. 1964년 1월 미국

오리건대학교 육상부 선수 필 나이트와 그의 코치 빌 바우어만이 힘을 합쳐서 나이키의 전신 BRS(blue ribbon sports)를 창립했고, 1971년 회사 이름을 나이키로 변경했다. 그리고 1988년 그 유명한 '저스트 두 잇(Just Do It)' 광고 캠페인을 통해 전 세계적인 성공을 거두었다.

아디다스는 나이키보다 40년이나 앞서서 시작했다. 하지만 지금의 상황은 어떠한가? 두 브랜드가 1, 2위를 다투고 있다고는 하지만, 그 내용을 자세히 들여다보면 스포츠웨어 시장에서 나이키는 압도적이다. 그동안 많은 시련을 겪고 도전을 해온 것은 같지만, 결정적인 선택들이 두 회사를 완전히 다른 지위로 만들었다. 에어 기술을 먼저 제안 받은 곳은 아디다스였으나 결국 나이키의 차지가 되었다. 농구의 신으로도 불리는 마이클 조던은 아디다스를 선호했지만 나이키를 선택할 수밖에 없었다. 이 두 가지 큰 사건은 두 브랜드의 운명을 흔들어놓았다.

지금 시가 총액을 비교해보자. 2021년 9월 기준으로 나이키는 301조 아디다스는 80조, 대략 4배나 되는 차이다. 2021년 회계연도 기준으로 나이키는 매출 52조, 아디다스는 27조로 무려 25조의 차이가 난다. 대략 20년 전에는 2조 정도밖에 차이가 나지 않았던 매출이 12배 이상으로 벌어졌는데, 대체 두 기업에는 무슨 일이 있었던 것일까? 스포츠 업계의 라이벌 전쟁을 연구하자는 것이 아니다. 나이키가 자신보다 오래되고 훨씬 컸던 회사를 제압하고 도저히 메울 수 없는 큰 매출 격차를 만든 과정은 우리 개인의 성장과 관련해 큰 시사점을 준다.

●●● 실험정신은 무엇인가

과연 무엇이 이 두 브랜드의 운명을 이렇게 바꿔놓았을까? 어떻게 보면 주관적일 수 있겠지만 국내에서 두 브랜드를 모두 경험하고 20년 이상을 이 업계에 몸담았던 사실은 충분히 객관성 또는 설득의 근거가 될 수 있다고 생각한다. 나이키가 거인인 아디다스를 제압하고 더 이상 돌이킬 수 없을 정도의 큰 격차를 벌린 요인은 바로 실험정신이었다.

그렇다면 실험정신이란 무엇인가? 실험정신은 언뜻 도전정신과도 같은 말 같지만, 사실은 다르다. 어쩌면 모험정신이 더 가까울 수 있겠다. 두 브랜드 모두 계속 도전정신을 잃지 않고 비즈니스를 해왔다. 하지만 실험정신에서는 매우 다른 모습을 보였다. 나이키의 제품을 가만히 들여다보면 아디다스 제품에서는 보이지 않는 특징들이 계

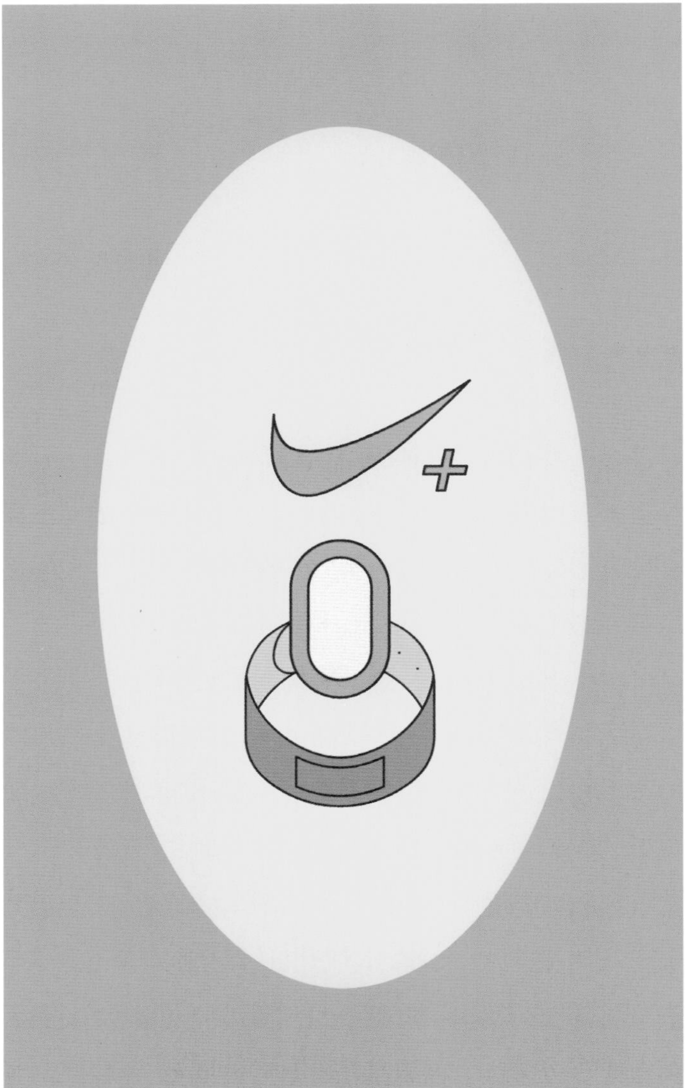

속해서 발견된다.

2005년경으로 기억한다. 베를린에서 전 세계 아디다스의 러닝 카테고리 담당자 미팅이 있었다. 다음 해에 진행될 러닝 신발과 의류에 대한 품평을 하는 자리였다. 가장 큰 매출을 기록하고 있던 유럽의 주요 국가 담당자들은 몇 해 동안 반응이 좋았던 특정 제품을 하나도 바꾸지 말고 계속 진행하자고 요청했다. 안전하고 편안한 길을 걷고자 한 것이다. 그 자리에서 나는 이런 의견을 냈다.

"소비자들이 싫증내지 않는 브랜드가 되는 것이 중요하다. 소비자가 우리 브랜드에 기대하는 것은 새롭고 놀라운 제품이다. 아무리 특정 제품이 잘 팔려도 우린 새로운 것을 준비해야 한다. 그것이 브랜드가 영속할 방법이다."

이 의견은 쉽게 받아들여지지 않았다. 물론 아디다스가 정체되어 신제품을 내지 않았다는 뜻은 아니다. 하지만 전반적인 사고방식이 매우 안전과 완전을 추구한다는 것을 직감했다. 매출이 많은 나라의 의견을 본사 담당자들은 받아들일 수밖에 없는 노릇이었다. 그러다 보니 한국처럼 새로운 것에 대한 기대가 크고, 또 새로운 것이 나왔을 때 즉각적으로 반응하는 소비자들이 주류인 토양에서는 정체된 느낌을 줄 수밖에 없는 것이다.

아디다스의 그 이후 행보를 지켜보면 여전히 큰 틀은 바뀌지 않은 듯하다. 완전을 추구하느라 소비자의 눈을 동그랗게 만드는 신제품을 내는 주기는 너무나 길었다. 테스트를 거듭하고 거듭하느라 새 제품이 출시된 시점에 경쟁사는 이미 더 간편하고 한발 나아간 기능을 장착한 제품을 내놓고 있었다. 삼성과 함께 컬래버해서 만든 운동 보조 핸드폰, 그리고 유럽 브랜드 폴라(polar)와 함께 컬래버한 거리 측정 시스템, 이 두 가지는 모두 정밀하게 거리를 측정해주고 운동을 설계해주는 시스템이었지만 결국 실패했고, 짧은 시간 만에 소비자의 기억에서 사라졌다. 반면 나이키는 애플과 컬래버하여 만든 간편하고 직관적인 나이키 플러스 앱이 지금도 소비자에게 사랑받고 있다.

스포츠웨어 시장에서 소비자의 욕구를 자극하는 중요한 요소 중에 하나가 첨단의 기술 외에 소재이다. 나이키가 소재를 선택하고 직조법을 사용하는 방식을 보면 놀라움을 금하지 못할 때가 많다. "이런 소재를 쓰다니!" "어떻게 이게 가능하지?" 혹은 "이런 소재를 정말 쓸 수 있다고?" 처럼 놀라움과 의아함을 유발한다. 격렬한 운동을 위해서는 갑피가 흔들리지 않고 단단해야 하기에 가죽이 필수라는 기존의 생각을 버리면 무슨 일이 일어날까? 그 답도 역시 나이키가 먼저 제시했다. 니트로 짠 갑피를 선보였다. 반면 아디다스의 소재 사용은 늘 예측 가능했다. 가장 안전하고 완벽한 것을 추구하는 독일인의 습성이 밑바탕에 깔려 있기 때문일 것이다. 지금 두 매장에 나가보라. 이 말의 뜻을 정확히 이해할 수 있을 것이다.

소비자는 멈추지 않는다. 소비자의 니즈(needs)를 누구보다 먼저 파악하고 그것을 충족시키기 위해 노력하는 것, 더 나아가 그들이 미처 생각하지 못한 것을 과감하게 제시해 선도하는 능력을 갖춘 브랜드만이 계속해서 선택받을 수 있다. 안정적인 성장은 물론이고, 압도적인 존재가 되는 데는 안정을 넘어서는 과감한 실험정신이 필요하다.

●●● 조직이 선택하는 리더

한편, 조직이 개인에게 원하는 것은 무엇일까? 위치별 부서별로 다를 수 있다. 상품을 만드는 부서라면 소비자의 마음을 끄는 매력적인 제품, 많은 마진이 남는 제품을 만들어야 하고 영업 부서라면 좋은 고객을 확보해서 더 많이 파는 능력을 요구할 것이다. 인사부라면 조직 전반에 긍정적인 문화를 형성시키는 역할, 직원을 성장시키는 교육을 잘하는 능력을 높게 살 것이다. 상사라면 적절한 때에 합리적인 결정을 내리고 팀원들을 조화롭게 이끌어 그들의 가능성을 키워줄 수 있는 능력이 무엇보다 중요할 것이다. 결과적으로 조직은 각자가 자신이 속한 자리에서 그 부서의 목표를 달성하는 데 최선을 다해주기를 바라는 것이다.

그렇다면 조직이 미래의 리더로 선택하는 직원도 목표를 달성하는 데 최선을 다한 직원일까? 회사에 청춘을 바쳐 일했다고 말하는 선배들이 모두 회사의 선택을 받았던가?

한 회사에 들어가면 20~30년은 그냥 다니던 과거나 그 주기가 점점 짧아지는 지금이나 회사가 미래의 리더를 선택하는 중요한 기준점은 같다고 생각한다. 바로 실험정신이다. 조직이 하지 않고 있던 새로운 것을 고민하는 직원을 조직은 정밀하게 관찰한다. 그런 직원들은 예외 없이 조직에서 사랑을 받았고 높은 지위에 올랐다.

뜨거운 인기를 누리며 큰 성공을 거둔 힙합 오디션 프로그램 〈쇼미 더 머니〉는 시작 당시 제작사인 CJ ENM으로서는 상당히 실험적인 도전이었다. 협찬사였던 아디다스에게도 역시 실험적이고 모험적인 과제였다. 〈쇼미 더 머니〉가 첫 시즌을 시작한 10여 년 전만 해도 힙합은 한국 대중

음악계에서 주류 장르라고 할 수 없었기에 래퍼들의 경쟁 프로그램은 대중성이 뛰어나다고 보기 힘든 콘텐츠였다. 전국을 떠들썩하게 만든 다른 가요 오디션 프로그램에 비하면 성공을 장담하기 힘든 방송이었다. 모험적이고 충분히 실험적이었다. 결과적으로 그것은 대성공을 거두었다. 그 이후 시즌 10까지 이어졌고, 여전히 현재 진행형이다.

아디다스는 세계 시장에서는 나이키에 밀려 만년 2위인 전력과는 달리, 한국에서만은 업계 1위로 나이키와의 매출 격차를 2000억 원까지 벌렸는데, 거기에는 이 프로그램이 큰 역할을 했다. 이 프로그램에 협찬한 제품들의 인기가 폭발한 것이다. 2015년에는 인기 래퍼를 광고 모델로 내세웠고, 그가 신고 나온 제품이 국내에서만 100만 족이 넘게 팔리는 놀라운 성과를 내기도 했다.

불확실한 결과를 두려워하지 않고 과감하게 도전하는 실험정신이 충만한 직원이 있었기에 가능한 일이었다. 물론 내부적으로 이를 설득하기 위한 부단한 노력이 필요했던 것도 사실이다. 그 일을 해낸 분들께 질투도 났지만, 존경을 보낸다.

코카콜라에서 진행했던 OBCM(occasion-based channel marketing)은 실험적 도전을 보여주는 또 하나의 좋은 예이다. 이것은 대형 할인 매장에서 이루어진 프로모션이었다. 계산대 옆에 소형 냉장고를 설치하고, 육류 코너에 음료수를 함께 배치하는 일이었다. 이전까지는 누구도 하지 않았고 처음에는 조금 생뚱맞게 보이기도 했다.

2000년 초에 처음 시작한 이 일은 이제 당연한 일이 되었다. 소비자가 대형 할인 매장을 방문하면 보통 1시간 이상을 보내게 되는데 그럴 때 힘든 점이 무엇일까를 조사해 봤더니, 갈증이 나서 힘들다는 반응이 많았다. 그렇다면 계산을 하기 위해 줄을 서는 곳에 자사의 음료를 배치하면 자연스럽게 소비자의 손이 가지 않을까 생각한 것이다.

실제 소형 냉장고를 설치하는 일은 비용이 아주 낮은 것도 아니었지만 음료 판매는 꾸준히 이루어졌고, 코카콜라는 추가 판매 공간까지 확보할 수 있었다. 펩시가 코카콜라보다 항상 저렴하게 공급하는 영업 전략을 구사하고 있는 와중에도 굳건히 자신의 자리를 지켜내고 있는 것도 이런 실험정신이 한몫하고 있는 것이다.

회사에서 계속 도전하고 새로운 것을 도입하기 위해 열정을 다하며 진심으로 추진한 담당자는 대부분 조직에서 임원의 자리에 올랐다. 그 후에는 더 큰 기업, 더 나은 조건을 보장하는 자리로 스카우트되는 행보도 보여주었다. 조직의 생존은 실험정신이 충만한 임직원에게 달려 있다. 그 중에서도 직원들의 역할이 더 크다. 과거 시대가 천천히 변화하던 시절에는 임원의 지식과 경험으로도 충분히 회사를 호령하는 데 문제가 없었다. 나이가 많은 사람이 언제나 젊은이를 훈계하고 가르침을 주는 시대였다. 하지만 지금의 세계는 시시각각 변하고 있고 수많은 젊은이가 세상을 바꾸기 위해 출사표를 내고 있다.

지금 머릿속에 가득한 당신의 실험정신을 조직에 선보일 준비를 부지런히 해보라. 늘 노트 한 권을 준비해 다니며 문득문득 떠오르는 생각을 머릿속에만 남겨두지 말고 시각화해봐야 한다. 그렇게 하지 않으면 그것은 머릿속에만 머물다가 결국에 세상 빛을 못 보고 사라지고 말 것이다. 기록하지 않는 것은 사라지고 만다.

회사는 언제든 방향성을 잃고 소비자에게 외면받을 수 있다. 그런 일이 닥치기 전에 당신의 실험 노트를 꺼내서 당당하게 제안하라.

초심이 무너지고 실험실의 문을 잠가버린 분들이 있다면 신입사원들을 관찰하시라. 눈빛과 걸음걸이는 어떤가? 실수에 대한 두려움도 있지만, 새로운 것에 눈이 반짝인다. 걸음걸이도 가볍다. 어설프지만 계속 아이디어도 내고 싫어 하지 않은가? 앞으로는 실험정신을 장착한 구성원을 많이 확보한 조직만이 지속적인 성장과 생존이 가능할 것이다.

도전정신과 실험정신을 구분하라.
조직이 당신을 선택하게 하고 싶다면
실험정신을 장착하라.

업무는
2주 단위로
설계하라

●●● 1주일형 직장 인류

조직의 월요일은 매우 분주하다. 이유를 잘 알 것이다. 상사의 메일에 주간 업무가 도착해 있어야 하고 그 내용을 가지고 주간회의를 한다. 지난주의 성과도 논의해야 한다. 소비재를 판매하는 회사에서는 주말 판매 동향도 매우 중요한 주제다. 이렇게 한바탕 소동이 벌어지고 나면 각자의 업무를 시작한다. 이 오래된 관습은 어떤 조직을 막론하고 대동소이하다.

이틀을 쉬고 출근한 월요일이 일하기 싫은 게 사실이지

만(그래서 영어권에서는 '일하기 싫은'이란 뜻으로 mondayish란 단어를 쓴다) 그렇다고 한 주를 설계하는 것은 그리 어려운 일은 아니다. 회사 일은 하루에 끝나는 일이 많지 않고 최소 일주일 단위로 돌아간다. 갑자기 들어와 바로바로 처리해야 하는 일도 있지만 그런 일들은 주간 보고에는 기록하지 않는다. 팀장이나 그 윗급 정도가 되면 정시보다 조금만 일찍 와도 그리 어려운 과제는 아니다. 회사생활을 6개월 정도만 해도 일주일 계획 짜기는 쉬운 문제다. 그렇게 일주일 단위의 삶에 익숙해진 직장 인류의 머리는 굳어지기 시작했다. 그래도 '오늘만 사는' 사람보다는 확장된 사고를 가지고 있는 건 맞다.

●●● 사고 확장과 권한 위임

일주일 설계에 익숙해진 당신에게 귀찮은 주문을 하나 해보겠다. 당신의 조직생활을 2주 단위로 설계하면 어떨 것 같은가? 초기에는 당황스럽고 머리가 아플 것이다. 우리의 뇌는 오랫동안 주간 업무회의 시스템에 익숙해져 있다. 그런데 2주 단위로 업무를 계획하게 되면 어떤 일이 벌어질까? 상사가 시킨 일이 많은 경우 단기적 성격의 것이 많기에 나머지 업무 시간을 채우려면 뇌를 더 많이 활성화해야 한다. 이 과정에서 미래 예측 역량도 커질 수 있다. 만약에 IT 업계라면 일반적으로 프로젝트가 한 달 이상씩 진행되는 것이 많기에 업무의 계획 단위를 더 넓게 잡아도 무방하다. 2주를 설계하려면 1주를 설계할 때보다 더 많은 정보가 필요하고, 사고도 더 많이 해야 한다. 업무를 찾기 위해 타 팀과 소통해야 하는 일도 더 많아질 것이다.

사고가 확장되는 경험을 하게 되는 동시에 또 하나 중요한 일이 일어난다. 그것은 권한 위임이다. 한 주 계획은 지금 진행되는 것들을 모으고 정리하는 수준에서 이루어지기에 주도적 계획이라고 보기에는 다소 부족한 면이 있다. 하지만 2주를 설계하려면 상상력과 창의성이 발휘되어야 한다. 상사가 미처 생각하지 못한 영역까지도 앞서 예측하며 계획을 세우고 대안을 고민해야 한다. 상사보다 앞서 일을 설계한다는 것은 설계의 권한을 내가 위임받는 것과 같다. 물론 내용이야 협의하겠지만 미리 준비한 자가 주도권을 잡기 쉽고, 동의를 받아내기도 더 쉽다.

"일개 직원이 상사가 요구하지도 않는 일을 벌여도 됩니까?" 혹시 주간 보고나 똑바로 하라고 면박을 받을까 걱정인가? 다른 직원들이 굳이 하지 않는데 혼자서 괜히 나대는 꼴이 되는 건 아닌가? 상사가 내 방식에 호응해서 나머지 직원에게도 다 그렇게 하라고 지시하면 내가 민폐 사원이 되는 것은 아닌가? 이런 우려는 타당하다. 실제로 그런 상황을 맞이할 수 있다. 하지만 인류가 어떻게 발전했는가? '나대는 사람들'로 인해 발전하고 '나대는 사람들'로 좀 더 나아졌다. 나대는 사람들로 인해 미래가 좀 더 안전해지고 풍요로워진다.

우리를 불편하게 하는 것들은 때로는 우리의 사고를 확장하고 깊게 만들기도 한다. 편안한 상황에서는 사고가 확장되지 않는다. 정말 괜찮은 상사라면, 이런 마음을 품고 있을 것이다.

제목: 나대리, 지은이: 나대리 상사

시키지도 않은 격주 단위 보고를 오늘도 하고 있는 나대리.

2주 치를 들고 와서 이렇게 일하겠다고 설명하고 있는 나대리.

팀장인 나도 1주일을 사는데 내 머리를 아프게 하는 나대리.

그런데 나는 그를 그냥 나대게 한다.

나의 상사인 임원도 사장에게 미래 계획이 없다고 한소리 들었다며 좀 더 거시적인 관점의 업무를 하라고 한다.

나대리처럼 좀 더 장기적 시각을 갖고 일하는 직원이 많다면
나도 임원이 될 텐데, 나도 좀 나댈 수 있을 텐데.
나는 나대리를 더 나대게 해야겠다.
박대리 김대리도 제발 좀 나댔으면.

●●● 2주 플랜에서 90일 플랜까지

글로벌 IT 회사가 추구하는 것이 애자일(agile) 조직 문화다. agile은 '민첩한'이란 뜻의 형용사이다. IT 분야는 그 어떤 분야보다 변화가 빠르기 때문에, 민첩하게 대처하는 것이 무엇보다 중요하다. 급변하는 글로벌 시장에서 살아남기 위한 생존 전략이 바로 애자일 문화인 것이다.

빠르게 지난주에 우리가 무엇을 배웠는가를 점검한다. 더 잘할 수 있는 방법에 대해서도 논한다. 앞으로 2주간 당장 어떤 일이 진행되면 우리가 더 발전할 수 있을지를 설계한다. 빠르게 실패하고 빠르게 교훈을 얻고 격주 단위로 업무를 설계해나가면 전반적인 사고의 프로세스가 확장될 것이다. 그리고 전반적인 조직문화까지 좋아질 수 있다. IT 회사가 아니라도 마찬가지다. 어떤 분야의 조직이라도 이와 같은 업무 태도는 반드시 필요하다. 지속적 성장을

원한다면 말이다.

개인이 할 수 있는 최대한의 거시적 접근을 통해 조직을 더 안전하게 만들어나가는 직원이 선택을 받는다. '나는 오늘만 산다'라는 대사가 멋지게 들릴지라도 무시하라. '나는 2주 단위로 산다'란 말을 입에 붙이고 살기를 바란다.

2주 단위의 삶이 익숙해지면 바로 '90일 플랜'에도 도전해보라. 보통 타 회사로 이직하면 90일 안에 나를 확실히 각인시키는 승부수를 띄워야 한다. 임원이라면 더더욱 그렇다. 2주 단위의 설계도 어렵다면 90일을 어떻게 버티겠는가!

빠르게 실패하고, 빠르게 교훈을 얻고,
남보다 한 주 더 설계하라.

먼저 알아채고 준비하는 사람의 미래

●●● '이상한' 박동기 사원

잠깐 전설 속에나 등장할 것 같은 이야기를 해볼까 한다. 나의 첫 직장 동기 이야기다. IMF가 한국을 휩쓸었던 1997년의 일이다. 미리 밝히지만 무거운 이야기를 하고자 함이 아니다. 사실 너무 멋진 이야기다.

박동기 사원은 나보다 3~4개월 정도 먼저 입사했지만, 동기나 다름없이 친하게 지냈다. 우리는 같은 영업사원이었다. 모두 열심히 자기 지역에서 판매 성과를 올리기 위해 애쓰던 시절이었다. 아직 아날로그적인 방식이 지배하던 시기여서 일일이 전화 통화를 하고 방문을 통해서 수주하던 시절이었다.

그때는 대리점이 주문한 제품을 차에 실어 지금의 쿠팡 배달 사원처럼 직접 배달하기도 했다. 물론 급한 단체 건에 한해서였지만. 그렇게 아날로그적인 방식 외에는 더는 생각할 수도, 생각하지도 않는 시절이었다.

어느 날 회사에서 영업 사원들에게 개인 노트북을 지급했다. 지금도 그때의 설레고 놀라웠던 심정이 생생한 듯하다. 멋진 가방에 담긴 노트북은 너무나 신기했다. 크고 뚱뚱한 모니터를 보면서 일하던 시대가 서서히 막을 내리고 있었다. 노트북에 영업 자료들을 기록하고 발표 자료도 만들었다.

하지만 노트북이 지급되었다고 일시에 모두 디지털화가 된 것은 아니다. 그 멋진 도구는 숫자를 입력하고 발표 자료를 만드는 것 이상도 그 이하도 아니었다. 그런 시간이 얼마 지나서 놀라운 사건 하나가 일어난다.

당시 나이키 본사에는 한국계 미국인 한 분이 있었는데, 우리는 그분을 박사님이라고 불렀다. 나이키 내에서 그분의 영향력은 대단했다. 한번은 그분이 한국 지사를 방문해 영업부의 프레젠테이션에 참석한 적이 있었다.

이때 팀장이 박동기 사원이 개발한 프로그램을 사용해 발표하게 되었다. 그 프로그램은 영업용 프로그램이고 디지털 도구인 노트북을 디지털 도구답게 쓸 수 있는 우리가 아는 한 최초의 프로그램이었다. 박동기 사원은 회사의 일이 끝난 다음 수개월을 혼자서 공부하며 마이크로소프트사의 엑세스(access) 프로그램으로 영업 사원들이 대리점과 상담할 때나 대리점 개설 상담을 할 때 쓸 수 있는 프로그램을 만든 것이다.

그것은 일일이 모든 프로그램을 다 열어서 설명하는 것이 아니라 엑세스 하나로 실적, 제품 설명, 그리고 회사 소개 동영상까지 열 수 있도록 하는 멋진 도구였다.

그 이후부터는 근사하게 가망 고객들을 만날 수 있었고 기존 대리점 사장님들과도 좀 더 체계적으로 미팅을 할 수 있었다. 박동기 사원의 프로그램 개발은 업무 효율성에 도움을 준 것만이 아니라, 영업 사원들의 위상까지도 덩달아 높여주었다.

설명을 듣던 박사님은 프로그램을 만든 사람이 누구냐고 물었고 팀장은 박동기 사원이 만들었다고 답했다. 이어 박동기의 직급을 물은 박사님은 이렇게 말했다. “이런 친구가 왜 아직 사원이야? 바로 진급시켜줘.” 박동기는 그 자리에서 바로 대리로 진급했다. 비슷한 연차의 직원들과 비교하면 2년이나 빠른 진급이었다.

자초지종을 모르는 사람들은 질투하겠지만 나는 진심으로 축하를 전했다. 박동기가 영업 사원들이 더 편하게 업무를 할 수 있도록 하겠다는 목표로 준비하고 있다는 것을 알고 있었다.

남들이 저녁이 있는 날을 보내고 있을 때, 박동기는 외롭고 힘든 길을 묵묵히 걸었다. 지금도 그렇지만 혼자서 책을 보면서 프로그램을 만든다는 것이 25년 전이라고 더 쉬운 일은 아니었다. SNS니 유튜브니 도움을 받을 만한 도구가 존재하지 않던 시절이었다.

●●● 필요한 것은 계속할 수 있는 용기다

요즘처럼 자기 계발이 쉬워진 시절도 없다. 유튜브에 웬만한 정보는 다 나와 있고 진심을 다해 자신의 노하우를 전해주는 사람도 넘친다. 배우고자 하는 열의가 있다면 무엇이든 해볼 수 있는 시대에 살고 있다.

그런데 회사를 움직일 만한 노력이나 아이디어는 아직도 가뭄이다. 정보가 넘쳐나는 지금이나 정보가 없었던 그

때나 회사와 나를 한 단계 도약시키는 일은 전혀 쉽지 않다. 그 이유는 도약의 시작이 정보가 아니라 사람이기 때문이다. 회사가 어떻게 해야 더 성장할 수 있는지를 고민하는 것은 도구나 정보의 몫이 아닌 정확히 사람의 몫이다.

외롭고 힘든 길을 가는 것과 관련해 윈스턴 처칠이 한 말이 있다.

> "지옥을 걸어가고 있더라도 계속 걸어가라. 중요한 것은 계속할 수 있는 용기이다."

외롭고 힘든 길은 때로 지옥과 같이 고통스러울 수 있다. 그 길을 가는 데 필요한 것은 용기와 희생이다. 사람들은 굳이 애써 가고 싶어하지 않았던 그 길을 박동기 사원은 걸었고 그는 그 대가를 받았다.

'우보만리(牛步萬里)'라는 말이 있다. 외롭고 힘든 길을 소처럼 우직하게 걷다 보면 1만 리(약 4천 킬로미터)도 갈 수 있다는 뜻이다. 그런데 그렇게 우직하게 걷는 사람은 결코 외롭지 않을 것이다.

공자는 "덕불고 필유린(德不孤 必有隣)"이라 했다. 덕이 있는 사람은 외롭지 않으니 반드시 이웃이 있다는 말이다.

최선을 다해 전진하는 사람에게는 반드시 지지해주는 사람도, 그에 합당한 결과도 따라온다.

고독해도
계속 걸어가는 당신의 용기에 박수를!

ESG는 이미 대세다

●●● E.S.G.를 이해해야 하는 이유

시중 서점을 가보면 ESG 관련 서적이 상당히 많다. 이미 유행하고 있는, 다른 말로 하면 이 시대에 중요한 개념이란 뜻이다. 관심을 가져야 할 만한 분야인 것이다. 사실 생각보다 ESG는 광범위하고 우리가 몸담은 조직이나 사회를 옥죄어올 것이다. 이에 대해 무관심하거나 준비되어 있지 않다면 말이다. 얼마나 잘 준비하느냐에 따라서 후발 주자라 하더라도 역전의 기회는 있다.

기초부터 다져보자. ESG는 무엇인가. 환경(Environmental),

사회(Social), 지배구조(Governance)의 약자다. 영어 단어로만 보면 환경이란 말만 명확하고 두 번째는 너무 추상적이고, 세 번째 지배구조란 말은 정말 저세상 이야기 같다. 하나하나 풀어보자. 이것을 이해하는 것은 결국 나의 존립과도 무관하지 않을 것이다.

환경(Environmental)

1. 현직 대통령이 2050 탄소중립 위원회를 출범시켰다. 탄소중립을 선언했다.
2. 현대자동차 그룹 회장이 제너시스를 전기자동차로 만들겠다고 했다.
3. 바이든 미국 대통령이 지구 온난화가 재앙을 불러온 듯하다고 말했다. 미국 동부에 한꺼번에 30개의 토네이도가 4개 주를 강타해 100명 이상의 사망자를 내는 무시무시한 재앙이 닥쳤다.
4. 미국 담배회사 회장이 더는 태우는 담배를 만들지 않겠다고 한다.
5. 세계 최고의 스포츠 회사는 특정 제품을 만드는 데 드는 전기의 상당 부분을 풍력으로 조달한다고 한다. 그리고

다 쓴 제품을 가져오라고 한다.

6. 어느 자동차 회사는 처음부터 전기차만 만든다.

그렇다. 왜 이리 호들갑인가? 이 푸른 별 지구는 스스로 정화가 되지 않는 수준에 도달했다고 봐도 무방하다. 지구가 품었던 화석연료를 허락 없이 마구 써온 결과이다. 각성한 사람들이 봉기했다. 이제 우리 인간이 지구의 주인이라고 막 쓰지 말자는 것이다. 우리의 행복이 지구의 행복과 연결되어 있음을 우린 애써 외면해왔다. 이제부터라도 각성해야 할 필요가 충분하다.

사회적(Social)

지구를 챙겼으면 이제 우리 주변도 챙기자. 열심히 번 돈은 누구의 주머니에서 나왔나? 일부는 제대로 멋있게 돌려주자. 그게 진정한 상도의다. 생색내듯 연말에 연탄 한 번 나르고, 보육원 방문해서 사진 찍고 사회적 기업이 됐다고 하지 말자. 이 사회를 좀 더 윤택하게 만드는 데 물심양면의 노력을 하자는 것이다. 다국적 패션 대기업이 조 단위의 돈을 벌고 나서 몇천만 원을 사회공헌에 썼다는 이야기는 우리를 참 씁쓸하게 한다. 이왕 사회에 공헌하려면 제대로 팀도 꾸리고 체계적으로 진행하자.

지배구조(Governance)

지배구조란 말은 친근하지 않은 단어다. 최대한 쉽게 풀어보면 회사 경영을 더 투명하게 제대로 하자는 말이다. 회사는 소유주나 대표의 개인 소장품이 아니다. 주주들이 두 눈을 시퍼렇게 뜨고 있다. 고귀하신 주주들의 허락도 없이 마구잡이로 회사를 운영하면 안 된다는 뜻이다. 한 회사에 딸린 식구는 생각보다 많다는 것을 이해할 필요가 있다. 회사의 운명은 회사와 직간접으로 연결된 많은 이들의 안녕에 무척 중요한 요소이다. 그래서 회사에는 엄격한 윤리가 필요하고 부정부패에도 민감해야 한다.

몇 년 전 글로벌 자동차 회사의 탄소 배출량 조작 사건은 많은 이들에게 충격을 주었고, 그 회사는 엄청난 액수의 손해배상 소송을 당했다. 회사 운영의 민낯이 드러났다. 이로써 회사의 주가는 크게 떨어졌고, 주주들은 엄청난 재산상의 손해를 입었다. 한 회사의 비윤리적 경영은 수많은 이들이 눈물을 흘리게 한다. 그리고 한 기업의 잘못은 그 기업의 손해로만 끝나지 않는다. 기업 생태계 전반에 악영향을 끼친다.

●●● ESG를 다루는 역량을 키우는 노하우

부산에서 매년 신발 기업을 대상으로 서너 차례 상품기획 강의를 진행한다. 중간 중간 쉬는 시간에 각 회사의 대표들이 질문을 해온다. 다국적 대기업에 납품하는 하청업체인데 계속 성장을 하려면 어떻게 해야 하나요? 그럴 때는 이런 답을 해드린다. 과거에는 좋은 제품, 즉 더 나은 기능의 제품 생산에만 집중해왔다면 이제는 그것을 만드는 방식까지 함께 고려하라고 말이다. 하청업체라면 원청업체가 모기업에 더 어필할 수 있는 제품을 선제적으로 만들게 되면 최종 납품업자인 원청업체가 고객사에게 더 큰 소리를 칠 수 있게 된다. 큰 만족감을 주게 되니 결국 더 큰 신뢰를 받을 수 있고 장기적 거래 관계에도 청신호가 커지는 것이다. 그것이 공급망 사슬의 원칙이 아닌가? 만드는 방식은 ESG에 기초하면 된다. 특히 소비재 회사는 ESG 중 E가 가장 중요한 셀링 포인트이다.

그렇다면 개인이 ESG를 실천하기 위해서 갖춰야 하는 역량은 무엇일까? 상품을 다루는 사람이라면 당연히 탄소 배출을 최소화하는 제조법에 관한 공부가 필요하다. 만드는 제품에 비윤리적인 부분이 없는지도 살펴야 한다. 아무리 멋진 제품이라도 제조의 과정이 불투명하거나 윤리적이지 못한 환경에서 탄생했다면 이제는 더 이상 소비자의 선택을 받을 수 없을 것이다. OEM으로 납품을 받는 곳은 OEM 회사까지 철저히 관리할 필요가 있다.

글로벌 패션 브랜드 구찌의 젊은 직원들은 더 이상 모피를 쓰지 말자는 제안을 했고 회사는 이를 받아들였다. 인조 모피로의 방향 선회는 단순한 동물 사랑의 차원이 아니라 윤리적 경영과 환경 생태계 보호까지 포함하는 문제다. 구찌는 이런 노력을 통해 더 사랑받는 기업으로 지난 7년간 변신하는 중이다.

과거 아디다스 재직 시절 강화도에 소재한 공장 한 곳과 계약한 일이 있었다. 그런데 본사에서 복잡한 서류를 보내왔다. 자세히 보니 그 당시로서는 이해하기 힘든 내용이 많았다. 예를 들면 생산공장의 직원들이 보험에 가입하고 있는가? 공장 내부 조명의 조도는 충분한가? 직원들의 숙소는 청결한가? 등의 내용을 제출하라는 것이다. 단순히 재정 상태를 파악하면 될 일이지 뭐 이런 것까지 파악해야 하나 하는 생각이 들었다. 하지만 그 모든 것들은 투명한 경영 관리를 위해서 반드시 필요한 일이었다. 생산업체의 생산 과정이 비윤리적이라면 그 제품을 납품받는 업체 역시도 그 책임에서 자유로울 수 없는 것이 지금의 기업 환경이다. 제품 생산 관련 분야에 종사하는 분들이라면 이런 부분까지 꼼꼼히 챙겨보기를 바란다.

기업 홍보 마케팅에 종사하는 분들이라면 어떻게 체계적인 사회공헌을 할 수 있을지 고민해봐야 한다. 큰 기업일수록 그만큼 많은 사람이 예의 주시하고 있기에 생색내는 식의 사회공헌 활동은 오히려 기업의 이미지를 실추시키고 소비자에게 외면받을 수 있다.

KT&G의 사회공헌 활동을 모범적인 예로 들 수 있다(광고 아님). 나는 KT&G가 하는 사회공헌 프로그램 중 하나인 상상 마케팅 스쿨에 7년간 참여했다. 제주도 포함 전국의 모든 도에서 대학생들을 위한 강의와 멘토링을 진행했다. 회사가 얼마의 비용을 쓰는지는 정확히 몰라도 얼마나 그들이 체계적으로 이 프로그램을 운영해왔는지는 직접 체험할 수 있었다. 전국 주요 지점에 담당 직원과 공간이 마련되어 있고 양질의 프로그램을 끊임없이 개발하고 운영한다. 힘겹게 이 시대를 살아가는 청년들을 위한 교육에 진심을 다하고 있다.

기업의 경영진이라면 ESG 중장기 전략을 반드시 세워야 할 것이다. ESG가 기업 영속에 매우 중요한 요소가 되는 상황이기에 오랜 시간을 두고 구체적인 전략을 짜야 한다.

ESG는 더 이상 미디어가 떠드는 남의 이야기가 아니다.
내가 하는 일에서 EGS가 무엇인지를
계속 고민하기를 당부한다.

목표가 습관이 되도록

●●● 습관과 목표는 샴쌍둥이

나는 집을 나서기 전 반드시 하는 루틴(routine)이 있다.

- 가장 좋은 펜을 챙긴다.
- 다이어리를 챙긴다.
- 포스트잇을 챙긴다.
- 명함 지갑을 챙긴다.

왜? 기업교육을 하는 나는 어느 순간에도 떠오르는 아

이디어를 시각화하는 습관을 지니고 있다. 떠오르는 아이디어는 가능한 그때그때 손으로 적는다. 핸드폰의 필기 기능도 적극 활용한다. 다이어리를 펴기 힘든 순간도 많기 때문이다. 이것저것 챙기다 보면 항상 가방은 불룩해지기 마련이다. 때로는 좀 가볍게 가고 싶은 유혹도 생긴다. 하지만 잠깐의 편안함 때문에 내 목표가 흔들리는 것은 절대 원하는 바가 아니다.

내가 이렇게 부지런히 챙기는 습관은 어디에서 왔을까? 다름 아닌 나의 목표에서 왔다. 무엇을 하고 싶다, 무엇을 하겠다, 라는 생각이 오래 지속되면 그걸 이루기 위해서 필요한 행동들을 하게 된다. 나는 그것을 습관이라고 정의한다. 보통 습관을 해묵은 것, 오랫동안 별 생각 없이 해온 것이라고 폄하하는 경향이 있다. 또 습관은 부정적인 행동을 뜻하는 경우도 많다. 하지만 나의 습관은 정확히 나의 목표와 연결되어 있다.

빈둥대는 습관은 어디서 오는가? 목표가 없는 데 있다(금수저는 해당 없음, 주변의 금수저에게 이래라저래라 절대 말하지 마라. 빈둥대도 꾸중하지 마라).

핸드폰을 계속해서 보는 습관은 어디서 오는가? 핸드폰 자체가 목표이거나 목표가 없는 데 있다.

추운 공기를 가르고 조깅을 하는 사람의 습관은 어디서 오는가? 건강이라는 목표로부터 온다.

누구를 만나도 내가 꿈꾸는 것을 말하는 습관은 어디서 왔는가? '뛰어난 교육 전문가 되기'라는 나의 목표에서 비롯됐다. 무의식 중에도 꿈을 꾸는 정도가 되어야 우리의 팔다리도 무의식 중에도 움직인다는 원리를 알기 때문이기도 하다.

필기하는 습관은 어디서부터 왔는가? 좋은 선배를 만났을 때 그의 말을 하나도 놓치고 싶지 않다는 목표에서 왔다. 또 잘 적기 위해서는 좋은 펜이 필요하다는 것을 깨달았다. 그리고 성공한 사람들은 모두 좋은 펜을 꼭 가지고 있더라. 브랜드는 몽블랑. (이 책을 몽블랑 관계자분들이 본다면 회사에 꼭 한번 초청하시라. 15년간 몽블랑 광고를 대학과 회사에 한 사람이다. 교육 강의가 아니면 공로패라도.)

공부하는 습관은 어디서부터 왔는가? 좋은 대학에 들어가서 멋진 삶을 살고 싶은 목표가 있거나 부모에게 자랑스러운 자식이 되고 싶은 목표에서 나왔다(공부하는 습관은 정말 내 것으로 만들기가 어렵다. 보이지도 않는 미래의 내 삶을 위해서란 목표도 좀 막연하다. 그래서 두 번째 목표가 은근히 힘이 있다).

열심히 매일 매일 직장에 출근하는 습관은 어디서 왔는

가? 이루고 싶은 나의 목표에서 나온다. 미안하다. 까먹었다. 월급이 꼬박꼬박 나오게 하는 목표도 있다. 이건 좀 그렇지만 안 잘리기 위해서도 있다. 이 책은 목표 의식이 분명한 사람들이 샀을 테니 뒤의 두 개는 잊어버리시라.

습관과 목표는 매우 직접적인 관계를 맺고 있다. 따라서 목표를 세우고 거기에서 눈을 떼면 안 된다. 나의 서재에는 사면이 모두 목표와 꿈으로 가득하다. 욕심이 너무 많다고 할 수도 있지만, 최종의 목표는 하나이다. 나의 목표는 그 중간 과정까지를 모두 포함한다. 눈을 뜨고 감는 순간까지 내 몸을 감싸고 있는 목표는 나의 행동을 촉진할 수밖에 없다. 꿈이 계속해서 말을 걸어오기 때문이다.

책을 한 권 쓰는 것을 목표로 했다면 어떤 습관이 필요한가. 일단 내용을 구성할 자료를 모으고 고민하고 조직하는 일이 필요하다. 하지만 그 이상으로 필요한 것은 일정 기간 동안 매일 3~4시간씩 의자에 엉덩이를 붙이는 습관이다.

●●● 습관화에는 고난도의 기술과 노력이 필요하다

닥터마틴의 대표이사로 취임하고 나서 제일 먼저 한 일은

1년 동안 매주 전국 60개의 매장을 다 다녀보는 것이었다. 회사의 매출을 담당하는 사람들을 현장에서 직접 만나서 격려하고 애로사항을 들으러 다녔다. 전국을 다니다 보니 임대한 차량의 1년 계약 마일리지를 2배 초과해버렸다. 한 주 정도 쉬고 싶은 마음이 없었던 것이 아니다. 하지만 습관적으로 일어나서 차 핸들을 잡았다. 매일 차 시트에 최소 3~4시간을 앉아 있을 수 있었던 것은 구체적인 목표가 있었기 때문이다. 그 결과 지사장 부임 첫해에 전년 대비 40퍼센트 이상의 성장을 이뤄냈고 회계상 가치가 소멸된 해묵은 재고까지 모두 판매해 수익을 창출했다. 그해 나는 356일을 일했다.

같은 일을 습관적으로 계속하는 것은 사실 고난도의 일이다. 간단한 예를 들어보겠다.

1. 코 파기

남자들 중에 이런 습관을 가진 이가 많은데, 코를 파는 이 단순한 행위가 그냥 태어날 때부터 존재하는 손가락과 코만 있으면 가능하다고 생각하는가? 아니다. 잘못하면 피가 날 수도 있고 분비물을 처리하는 데 곤란을 겪을 수도 있다. 공공장소에서 이 습관을 들켰다가는 다른 이들에게 더럽다는 혹평과 눈총을 감수해야 한다. 아무에게도 들키지 않고 몰래 파기는 생각보다 쉽지 않다.

2. 빈둥대기

빈둥대는 것은 어떤가? 정말 쉬운 일일까? 빈둥대는 사람을 보면 마치 아무 생각이 없는 것처럼 보인다. 아니다. 그는 끊임없이 죄책감에 시달리고 있다. 주변의 잔소리를 감수해야 하고, 수시로 눈치를 살펴야 한다. 빈둥대기도 남자의 경우 하루 1700~2000칼로리의 열량을 소모하는 일이다. 또 빈둥댄다는 것은 한 자세로 있는 것이 아니다. 끊임없이 이리 저리 왔다갔다 해야 한다. 이런 습관을 계속 유지한다는 것은 성실해지는 습관만큼이나 칭찬받아야 할 일이 아닐까?

3. 귀소본능

과음으로 인사불성이 되어도 반드시 집을 찾아오는 것을 나는 습관이라고 말하고 싶다. 정말 놀랍고 대단하지 않은가? 단순히 귀소본능에 따른 행동으로 볼 수 없다. 다년간에 걸쳐 경험이 쌓여 몸을 지배하는 습관이 된 것이다.

이렇듯 너무나 사소해 보이는 행동이라도 습관이 되기까지는 쉽지 않은 과정을 거친다. 하물며 크고 도전적인 목표를 이루기 위한 행동을 습관화하기 위해서는 남다른 의지가 필요하다. 다시 말하지만 그 강력한 의지는 분명한 목표에서 나온다.

목표가 나에게
말을 걸어오는 경지에 이르기를 응원한다.

제5부

Key to Success

팀장 사용 설명서: 당신의 상사가 성공의 열쇠다

The Boss Manual
for 90s

내 상사가 모른다는 것을 들키지 않게 하라

●●● 아버지와의 저녁식사

아흔을 바라보시는 아버지와 매 주말 식사를 한다. 대구에 살고 계셔서 자주 찾아뵙기가 여간 쉽지 않았다. 거리가 멀다는 것을 좋은 핑계로 불효를 합리화하고 있던 차에 교수님 한 분의 도움으로 부산외국어대학에서 강의할 기회가 생겼다. 덕분에 주말이면 대구에 들러 아버지와 시간을 보낼 수 있게 된 것이다. 몇 해 전 어머니가 돌아가셔서 혼자 계신 아버지가 더 신경 쓰이던 차에 정말 좋은 기회를 맞았다.

어느 저녁이었다. 아버지가 2G폰을 쓰시다가 최근에 바꾼 폰 때문에 계속 언짢아하고 계셨다. 물론 요즘 젊은 사람들이 쓰는 최신형의 스마트폰이라기보다는 효도폰에 가깝지만, 화면이 터치되는 기능은 처음 접하게 되신 것이다. 익숙하지 않다 보니 자꾸만 실수를 하게 되고 그럴 때마다 아들, 손주를 찾아 묻는 것이 무척 자존심이 상하신 듯했다. "과거에는 나이 든 사람이 지식이나 지혜가 훨씬 많아서 젊은이를 모든 분야에서 다 리드했었는데… 이제는 핸드폰 하나에도 일일이 아랫사람에게 물어봐야 하니 참 서글프다."

아버지의 푸념이 왠지 가슴 아팠다. 나는 아버지가 핸드폰 기능에 대해서 똑같은 것을 계속 물으셔도 절대로 불편한 기색을 드러내거나 하지 않고 처음 들은 질문인 것처럼 응답해드리고 있다. 그럼에도 아버지 입장에서는 예전 같지 않은 자신이 언짢으셨던 거 같다. 과거의 어른들은 젊은이들이 뭘 모르면, 그것도 모르냐며 곰방대로 꿀밤을 주고 천하를 호령했다. 그런데 이제는 새로운 변화를 애써 공부하지 않으면 호령은 둘째치고 어른들은 일상적인 생활마저도 곤란을 겪는 세상이 되고 말았다.

공자는 이런 말을 남기기도 했다. '후생가외(後生可畏)'.

나중에 태어난 사람이 가히 두려워할 만하다. 늘 학습하고 노력하지 않으면 후배들에게 따라잡히니 스스로 안이해짐을 경계하라는 말이다. 세상 살아가는 이치를 아버지에게 배웠고 성장하기까지 많은 도움을 기꺼이 받았다. 하지만 이제 지혜와 지식이 많았던 아버지에게는 본인의 주관과 세계가 뚜렷이 남은 대신 세상의 빠른 기술이나 문화는 점점 멀어졌다.

신입 시절 나의 상사는 내가 빨리 회사에 정착할 수 있도록 조직의 know-how를 부지런히 전해주었다. 음으로 양으로 도움을 마다하지 않았다. 때로는 그 과정이 세련되지 못하고 정밀하지 않아서 혼란을 주기도 했다. 하지만 그의 선한 의도는 분명했고, 결과적으로 그가 전하고자 한 것들은 어떤 식으로든 전달이 되었다. 이것들을 너무나 당연한 것으로 생각한다고 해서 비난받을 필요는 없다. 상사가 후배에게 그렇게 하는 것은 어쩌면 당연한 일이다. 그의 월급에는 분명 그 부분까지도 포함되어 있을 것이다. 하지만 이런 상황에서 어떤 자세를 취하는 것이 당신에게 유리한가?

오해하지 말 것! 이 책은 계속해서 당신에게 행동을 바꾸라고 이야기하고 있지 않다. 무엇이, 어떻게 하는 것이 당신에게 유리한가를 묻고 있다. 결과적으로 어떤 행동이 조직에서 그리고 당신 삶에 더 멋진 결과를 가져오는지를 묻고 있는 것이다.

●●● 페이백 타임

나도 알고 주변 동료들도 아는 것을 상사만 모를 때 어떤 생각이 드는가? 혹은 세상 관심 없는 모습을 보게 될 때 당신은 어떤 반응을 보이는가? 요즘은 수평 문화를 표방하는 곳들이 많다 보니 너무 쉽게 상사를 무시하는 발언을 하는 듯하다. "에이, 그것도 모르세요?"라고 말이다.

사실 조직이 수평 문화를 외치고 있을 뿐 우리 모두의 머릿속까지 수평이 이뤄진 것은 아니다. 남들이 아는 것을 모른다고 공개적으로 지적당할 때 누구도 기분이 좋을 수는 없다. 매우 개방적이라고 생각하는 미국이나 유럽에서는 훨씬 더 상사에게 예의를 갖춘다. 우리가 오해하고 있는 것 중 하나가 매스컴에서 글로벌 기업의 사원과 회장이 어깨를 나란히 하고 있는 사진을 보면서 그들을 수평적 관계라고 생각하는 것이다. 실제로 20여 년간 겪어본 외국 본사의 모습은 상상 이상으로 관계가 수직적이다. 팀장이 직원의 해고권을 가지고 있다. 또 토론을 열심히 한다고 해서, 소위 맞짱을 뜨고 있다고 생각하면 큰 오산이다. 한 마디 한 마디 생각 이상으로 신중하게 한다.

다시 첫 질문으로 돌아가서 남들이 다 아는 것을 나의 상사가 모를 때 나는 어떻게 행동할 것인가? 아래 A, B 중 어떤 태도를 주로 취하고 있는가?

A. 요즘 그거 모르는 사람이 어디 있어요? 정말 그것도 모르세요?

B. 저도 몰랐던 부분인데 제가 좀 도와드려도 될까요? (tip: 도와드릴게요, 라고 하지 말 것.)

개방적이고 수평적인 상사와 일하는 경우라면 A를 많이 쓸 수도 있고 혹은 당신이 상대의 선의를 지나치게 활용하고 있을 수도 있다. 수평과 개방적인 자세를 취하는 상사라고 체면이나 자존심이 없는 것은 아니다. 솔직히 남들이 다 아는 무언가를 나만 모른다는 것은 유쾌한 일은 아니지 않은가.

만약에 대놓고 자존심이 강한 상사라면 공식적 혹은 비공식적 방법으로 B를 사용하라. 몰래 슬쩍 정보를 찾아서 메신저나 메일로 보내거나 출력해 자리에 올려놓는 것도 멋진 방법일 수 있다. 내 상사가 모른다는 것을 공개적으로 들키지 않도록 배려하라. 최소한 빠르게 만회하도록 도와주라.

●●● 팁 스마트

나에게 코칭을 받은 다국적 기업의 한 임원분의 이야기다. 차기 대표로 거론되는 유력 인사였다. 회사는 임원의 현재의 리더십에 대해 다면평가를 실시했고 그의 리더십을 더 끌어올리기 위해 코칭을 의뢰했다. 코칭을 의뢰받으면 일단 그와 관련해 최근 진행된 다면평가를 요구한다. 나는 그분의 다면평가지를 분석하고 나서 몇 가지 도움을 줄 만한 포인트를 찾았다. 하지만 좀 더 정확히 알 필요가 있어, 평가에 참석한 분들을 일일이 면담했다.

인물에 대한 평가는 지극히 주관적인 답이 모이기 마련이다. 서류로 정리되어서 객관적인 것으로 보일 뿐 사실은 주관의 모음이고, 어떨 때는 왜곡도 존재한다. 평가자가 거짓말을 했다기보다는 이런 경우들이 있기 때문이다. 예를 들면 3~4년 전에 겪은 일을 가지고 현재의 그 사람을 평가하기도 하는 것이다. 그것은 과거 그의 한 면일 수 있으나 지금의 모습은 아닐 수 있다. 그래서 문제가 있다는 부분은 정밀하게 추가 면담을 진행한다. 그래야 억울한 사람이 생기지 않는다.

평가에 참여한 모든 사람이 공통으로 보인 내용은 해당 임원이 분석적이고 스마트하다는 것이었다. 참 매력적인 인사인 것이다. 그런데 나는 오히려 이 점이 큰 문제라고 판단했다.

일반적으로 코칭 목표를 설정할 때는 문제로 지적된 부분을 많이 다룬다. 어떤 사람이 한 조직에서 임원의 자리에까지 올랐다는 것은 분명 업무 역량 면에서 뛰어난 장점을 가졌기 때문이다. 하지만 그렇게 훌륭한 능력을 가지고도 결국에 발목이 잡히는 것은 대부분 그의 단점 때문이다. 장점을 부각해야 한다는 강점 강화가 유행하기도 하지만 결국 아킬레스건은 그 사람의 단점이다. 그런데 이분과의 코칭에서는 나는 다른 사람이 그의 장점으로 꼽는 것을 단점으로 판단했다. 혼자서 똑똑하다는 것이 문제였다. 이 말은 직원과의 격차가 매우 크다는 것이고 그것은 유사시에 조직의 큰 공백으로 이어질 수 있기 때문이다.

임원에게 이런 판단 결과를 전달했고, 스마트한 그 임

원은 바로 실행안(action plan)을 가지고 나왔다. 그것은 팀 스마트(team smart)였다. 자신의 스마트함을 직원에게 전수하겠다고 선언했다. 바로 매주 1회씩 자신이 가진 노하우를 팀장들에게 전수하고 팀장들은 자신이 잘 아는 분야를 임원에게 공유하기 시작했다. 이런 노력이 회사 여기저기에 알려지고 대표 역시도 그런 노력에 대해 매우 긍정적인 평가를 해주었다. 그 임원은 자기만 똑똑한 임원에서 직원을 성장시키는 그리고 신뢰를 주는 진정한 리더로 변화하고 있었다.

나는 직접 팀 스마트 프로그램에 참여해보았다. 미팅에 참여하는 모습이 다들 사뭇 진지했다. 세 시간을 진행하는데도 한 명의 이탈자가 없었다. 나는 참석자들에게 따로 피드백을 받아보았다. 팀장들은 지금까지 바쁘다는 이유로 자신의 성장을 위한 노력을 게을리 했는데 이런 기회를 통해서 배움도 얻고, 임원과도 공감대가 형성되어 업무 효율이 훨씬 증가했다는 이야기를 해주었다. 정말 서로 윈-윈, 꿩 먹고 알 먹고가 아닌가!

●●● 공유해야 하는 스마트함 VS 공유하지 말아야 할 스마트함

남들보다 정보에 민감하고 새로운 것을 학습하기를 좋아한다면 자신의 스마트함을 팀 그리고 팀의 리더를 위해 사용해보라. 누군가 스마트하다는 인식이 퍼지면 주변에서는 그를 주시하게 된다. 때로 시기의 시선이 모이기도 한다. 하지만 그 시선을 무시하기만 해서는 안 된다. 나의 스마트함이 내 발목을 잡게 되는 결과를 초래할 수 있기 때문이다.

내가 아는 지식 정보를 주변과 적극적으로 공유하길 바란다. 우리 팀에 필요한 전시, 모임, 북 토크 같은 좋은 정보가 있으면 즉각 공유하라. 그리고 엑셀이나 파워포인트에서 유용한 단축기 혹은 기능을 전수할 기회를 만들어보라. 최근에 유행하는 메타버스와 관련된 스터디를 해보고 자료를 정리해서 보내면 엄지척을 충분히 받을 수 있을 것이다.

이런 노력은 나의 스마트함을 근사하게 포장해줄 것이다. 나의 스마트함에 상사가 의존하게끔 만들어라. 상사를 위협하는 경쟁자라는 인상을 지우고 스마트한 조력자의 모습을 보이라.

하지만 절대 공유하지 말아야 할 스마트함도 있다. 주식 정보나 비트코인 정보 같은 것들은 남들보다 많이 알고 먼저 알았다고 해도 공유하는 것에는 반대한다. 잘못하다가는 개인적인 관계는 말할 것도 없고 팀이 깨질 수도 있다. 결국 회사에도 타격을 줄 것이다.

의도했든 의도하지 않았든 동료나 상사를 깎아내리고 체면을 구기는 일들을 반복하게 되면, 결국 그 대가를 혹독하게 치르게 될 것이다.

나의 스마트함을 공유하자.

SNS 속 회사와 현실 회사는 다르다

●●● 회사를 그만두는 흔한 이유들

어렵게 들어간 회사를 쉽게 그만두는 경우를 많이 본다. 물론 당사자의 입장에서는 결코 '쉽게'가 아닐 수도 있다.

> "들어가보니 제가 밖에서 상상한 것과 너무 달랐습니다. 그래서 다른 회사로 옮기기로 했습니다."

여기까지는 괜찮은데 그러고 나서 옮겨간 회사도 얼마 다니지 못하고는 말한다.

"제가 듣던 것과는 너무나 달라서 어쩔 수가 없었습니다. 상사의 리더십을 도저히 참을 수가 없었습니다. 회사가 저에게 관심이 없다는 생각이 들어서 더 이상의 미래가 없다고 판단했습니다."

정말로 그럴듯한 이유를 늘어놓는다. 그만둘 때도 옮겨갈 때도 나름 잘 판단했고 잘 준비했다고 주장한다. 이직자나 퇴사자가 내세우는 여러 이유 가운데 특히 많이 내세우는 두 가지는 상사가 마음에 들지 않는다는 것과 회사가 개인의 성장에 관심이 없다는 것이다.

여기서 젊은 세대 특히 MZ세대가 무엇을 놓치고 있는지를 살펴보고 도움이 될 만한 솔루션을 제시해보려고 한다.

아쉽게도 이런 답은 조직과 상사가 알뜰히 가르쳐주지 않는다. 젊은 세대들이 '꼰대'니 '라떼'니 하면서 그들의 입을 막아버린 탓이다.

●●● 꼭 기억해야 할 두 가지 팩트

첫째, SNS에 떠도는 리더십을 장착한, 마음에 드는 상사를 현실 직장에서 만날 확률은 매우 낮다. SNS는 연애할 때 우리의 모습과 흡사하다. 서로에게 최선을 다하고 안 좋은 점을 최대한 감추면서 호감을 주는 점만을 강조하지 않는가.

실제 우리의 리더들이 그런 멋진 리더십을 갖고 있지 않을까 하는 기대를 했다가 몹시 실망하게 되는 점에서 실제 직장의 리더는 결혼 후 보게 되는 상대의 모습과 닮은 점이 많을 수 있다.

하지만 여기에 비밀이 있다. 결혼 생활을 잘 유지하는 사람들은 대부분 자기의 주장보다 상대의 주장에 더 귀를 기울인다. 계속 협상해나간다. 내가 목소리를 내면 낼수록, 상대에게 완벽함을 요구하면 할수록 불행해질 가능성이 커지니까.

내가 이 조직에서 성장하기 위해서, 더 나은 대우를 받기 위해서 먼저 해야 할 일은 조직과 상사의 요구에 먼저 귀를 기울여보는 것이다.

다시 말하지만, 상사는 젊은 세대가 바라는 완벽한 리더십을 장착한 존재가 아니다. 하지만 부족한 점에만 집중하면, 조직의 보이지 않는 손이 선택한 내 상사의 강점이 절대 보이지 않는다.

조직은 당신이 믿든 믿지 않든 분명한 근거와 이유를 가지고 당신의 상사를 리더의 자리에 올렸다. 조직생활을 하면서 대단한 성공을 꿈꾸지 않는 사람일지라도 최소한 더 나은 대우를 바라고 있지 않은가. 그렇다면 쉽게 보이지 않는 조직의 선택 기준을 상사에게서 찾아보기 바란다. 궁금하면 그냥 물어봐라. 타이밍을 잘 잡아서 물어보면 당신의 상사는 생각보다 많은 이야기보따리를 풀 것이다.

둘째, 우리의 바람과는 달리 조직이 직원을 성장시키는 프로그램은 균등분배 방식을 따른다. 회사가 가진 중요한 의무 중 하나가 구성원을 성장시키는 것이지만, 그렇다고 모든 개인에게 맞춤형 교육을 제공하는 일은 없다.

직장 초년 시절에는 인사부가 큰 힘을 가진 도깨비방망이인 줄 알았다. 그들이 개인 하나하나에 관심을 갖고 맞춤형의 성장 교육을 해줄 거라고 생각했다.

하지만 그것은 몹시 헛된 기대요 바람이라는 것을 곧 깨달았다. 아주 예외적인 경우를 제외하면 절대로 직원 맞춤형의 교육이란 것은 불가능하다는 사실이다. 특히 성과가 뛰어난 사람은 조직이 나에게 관심을 둘 거라는 기대를 더 많이 했을 것이고 그 바람과 다른 현실에 실망도 클 것이다.

내가 잘하기만 하면 회사가 나를 위해 적극적인 성장 프로그램을 작동할 것이라는 생각은 일단은 보류해두기를 바란다.

●●● 뜨거운 팁

인사부 직원들은 실제로 매우 바쁘다. 인사와 교육이 분리되지 않은 회사는 기본 인사 업무로도 이미 포화 상태이다. 교육 외에도 요즘은 세대 갈등, 젠더 갈등으로 인한 문제도 산적해 있다. 인사와 교육이 나뉘어 있는 경우라 하더라도 교육 담당자가 교육에 특화된 전문가일 가능성은 매우 낮다. 완전하지 않은 조직과 담당자에게 이상적 성장 프로그램을 마련해달라는 것은 매우 현실성이 낮은 바람이다.

여기서 조직이 말해주지 않는 비밀은 바로 당신의 상사가 당신을 성장시키기로 선택했는지 혹은 그 반대의 선택을 했는지이다. 이 비밀을 파악하기 위해서는 상사가 평소에 말하는 본인의 성장 스토리나 피드백을 줄 때 언급하는 내용에 귀를 기울여보라. 평소에 하는 말이 그 상사가 가진 선택의 잣대이다. 작은 경청과 관찰로도 꽤 생산적인 결과를 얻을 수 있다.

'꼰대'라고 치부한 그가
당신의 성장의 키를 쥐고 있다.

팀장의 다른 이름,
나의 성장 매뉴얼

●●● 지니의 마법 램프

당신은 온종일 이런저런 미팅과 과제에 시달리다 간신히 퇴근한다. 그런데 퇴근길에 우연히 반짝이는 램프를 하나 줍게 된다. 거기에는 친절한 설명서가 하나 들어 있다. 내용은 이렇다.

"직장에서 잘되고 싶은 당신이 가진 궁금증을 세 개까지 답해드립니다."

당신은 몹시 궁금했던 첫 번째 질문을 한다.

"제가 이 회사에서 성장하려면 어떻게 해야 합니까?"

램프는 답한다.

"당신의 상사에게 물어보세요."

두 번째 질문을 한다.

"제가 잘하고 있는지 아닌지 어떻게 알 수 있나요?"

"당신의 상사에게 물어보세요."

처음 질문과 같은 답이다. 화가 나지만 꾹 참고 마지막 세 번째 질문을 한다.

"귀신은 왜 우리 상사를 안 잡아갑니까?"

램프가 답한다.

"당신의 상사가 귀신이기 때문입니다."

당신이 궁금해하는 질문의 답을 모두 알고 있는 귀신같은 사람이 바로 당신의 상사다.

심히 마음에 들지 않는 상사는 오늘도 누구보다 먼저 출근해 있다. 그분은 연차도 많은데 가정이나 취미도 없는 사람처럼 휴가도 잘 가지 않는다. 높은 직급자는 연차수당이 제법 된다는데, 그것 때문인가?

찾는 사람도 없고, 갈 곳도 없어 보이는 나의 상사. 귀신은 뭐하길래 안 잡아가는 걸까? 우리는 이런 질문을 몇 년째 하고 있다. 상사는 어쩌다 애물단지가 되어버린 것일까? 정말 상사는 우리가 생각하는 것만큼 최악인가? 혹시

우리가 상사를 사용하는 방법을 몰라서는 아닌가?

●●● 거대한 풍랑을 타고 넘은 사람들

교육업계에는 이런 말이 있다. 좋은 강사는 좋은 청중이 만든다. 최고의 강의를 해내는 것이 오로지 자신이 축적한 노하우와 진행 기술이라고 생각하겠지만, 실제는 청중의 몫이 제법 크다. 강의를 조금만 해본 사람이라면 공감할 것이다. 청중이 얼마나 진지하게 경청하고 공감하고 격려를 보내느냐에 따라서 강사는 최고가 되기도 하고, 그저 그런 평균 이하의 역량을 가진 강사가 되기도 한다. 다소 아이러니하지만 이 말은 사실이다.

어떤 환경에서도 최선을 다한다는 것과 최고를 보여주는 것에는 차이가 있다. 명강사는 환경에 덜 흔들리는 것이 사실이지만 전혀 집중하지 않는 사람들에게 최고를 보여주기란 무척 어렵다. 그래서 한국에서 명강사로 살아간다는 것은 극한직업이다. 참고로 미국이나 유럽 사람들 앞에서 발표할 때가 더 편하다. 그들은 “제가 지금부터 재미난 이야기를 하나 공유하겠다”는 말이 떨어지기도 무섭게 얼굴에 웃음을 장착한다. 하지만 한국은….

다시 한 번 진지하게 물어본다. 당신은 당신의 상사를 슬기롭게 사용하는 설명서를 가지고 있는가? 그 사용 설명서를 꼼꼼히 읽어봤는가? 무엇이 적혀 있는가? 제품의 특장점을 먼저 주의 깊게 파악했는가? 아니면 혹시 유효기간이나 반품 가능 여부를 먼저 찾아보았나? 이제부터 설명서의 하이라이트인 특장점을 살펴볼까 한다. 내키지 않더라도 일단 꼼꼼히 살펴본 뒤에 결정해도 늦지 않는다. 그리고 오해하지 말 것은, 여기서 말하는 상사 사용 설명서는 상사가 나를 위해서 유리한 행동을 하도록 하는 방법이 아니라 그들이 보여주는 멋진 노하우를 정밀하게 관찰하고 차후에 나에게도 닥칠 어려운 상황에 도움이 되도록 하기 위해서 살피는 것이라는 점이다.

조직은 크기에 상관없이 망망대해에서 풍랑과 싸우며 무서운 포식자와의 싸움에서 살아남기 위해 갖은 노력을 다하고 있다. 캄캄한 밤에는 더욱 온 신경을 곤두세워야 한다. 이런 상황에서 안테나 역할을 할 수 있는 존재는 누구인가? 이런 상황에서 생존하고 성장을 계속해온 놀라운 존재는 누구인가?

한국의 리더들은 지난 25년 동안 세 번의 거대한 파도를 만났다. IMF, 미국발, 유럽발 금융 경제 위기가 그것이다. 절대 흔들릴 것 같지 않았던 거대한 회사들도 힘 한번 제대로 못 쓰고 무너졌다. 아무리 거대한 배라도 바다의 관점에서는 돛단배와 별 차이가 없다. 이런 거대한 재해 속에서 살아남은 이들은 놀라운 지혜를 얻는다. 어떤 준비를 해야, 피해를 다 막지는 못해도 최소화할 수 있는지를 알게 된다. 가장 적은 손상을 입을 방법을 고안하고 다시 전진할 수 있는 동력을 준비한다. 거대한 파도를 넘고 살아남은 사람들은 어지간한 일에 크게 동요되지 않는다. 그래서 리더의 경험과 지혜는 조직을 굳건하게 지키는 든든한 기둥이다. 상사들이 그런 거대한 파도 앞에서 어떤 식으로 일하는지 자세히 지켜보라. 그들이 일하는 방식이 바로 설명서이다.

●●● 상사 사용 설명서의 실례

지금부터 내가 입수했던 상사 사용 설명서를 공유하겠다.

1. 리더는 책임을 져야 하고 책임지는 모습을 매일 매일 보여야 한다

1997년 말 IMF가 터졌을 때의 일이다. 나이키가 한국에서 철수할 수도 있다는 루머가 사내를 뒤덮었다. 입사한 지 채 2년이 되지 않은 상황에서 말이다. 승승장구하기만 하던 모습은 온데간데없고, 고가의 제품들이 무수히 재고로 남아 회사의 존폐에 영향을 미칠 지경이 되었다. 국가 부도 상태에서 20만 원이 넘는 고가의 제품들을 찾는 사람들이 사라진 것이다. 대리점들도 큰 어려움에 봉착했다.

그런데 그때 그 어려운 숙제를 해결해낸 인물이 있었다. 바로 나의 상사였다. 회사는 똑똑해 보이던 10여 명의 미국 본사 출신 매니저를 모두 해고하고 2년 계약으로 미국 본사로 나가 있던 그 상사를 급하게 불러들였다. 아마도 회사는 그가 이 난관을 해결할 능력이 있음을 진작에 파악하고 있었을 것이다.

그가 귀국하고 나서 일을 처리해나가는 과정을 나는 사소한 것도 놓치지 않고 매일 관찰했다. 그의 방에 누가 들어오고 무엇을 하는지를 보았다. 그는 앞으로의 업무 매뉴얼이나 다름없었다. 나는 그로부터 리더의 책임에 대해 배웠다. 리더는 책임을 져야 하고 책임을 지는 모습을 매일매일 보여야 한다는 설명이 거기 있었다. 문제를 해결하고 그 처리한 것에 대해 책임지기 위해서는 누구와 협업하고 어떻게 그들을 움직여야 하는지도 그 설명서에 적혀 있었다. 때로는 회유 때로는 강제라는 두 가지 방법을 부지런히 사용하라는 것도 읽었다.

한참 세월이 지나 나는 외국계 회사의 대표이사가 되었다. 그런데 회사 상태를 파악해보니 과거 10년 전에 입고된 재고가 현 재고와 섞여 있었다. 이미 장부에서 정리됐어야 할, 즉 잔존 가치가 사라진 재고가 새 상품과 섞여서 뒤죽박죽되어 있는 것이다. 경영이 표류하고 있는 상태였다. 하지만 나는 당황하지 않았다. 이미 이보다 훨씬 큰 풍파를 겪었고 과거 내 상사의 방식을 관찰하면서 필요한 지혜를 습득해두었으니 전혀 당황할 필요가 없었다.

내가 가진 상사 사용 설명서를 꺼내서 참고하며 1년 만에 대부분의 재고를 해결했다. 일주일에도 여러 번 영업부 직원들과 재고 처리 상황을 파악하고 함께 방법을 찾았다. 검증된 재고 상품 판매 딜러를 발굴했고, 일시에 대량으로 판매할 수 있는 패밀리 세일을 진행했다. 될 수 있으면 국내에서 정상 가격으로 팔려야 하는 제품에 피해를 줄이기 위해서 몽골이라는 제3세계를 직접 개척해서 대량으로 재고를 처리하기도 했다. 팔을 걷어붙이고 사람들과 협업하며 회사 안정화를 위해 애쓰던 나의 상사 사용 설명서가 없었다면 과연 나는 그 상황을 헤쳐나갈 수 있었을까?

2. 평소에 부지런히 주요한 사람들과 인맥을 쌓으라

리복(Reebok)에게 큰 시련이 닥쳤다. 자사의 특정 피트니스 신발을 신으면 힙업(hip-up)이 된다는 광고를 미국에서 진행했다가 과대 광고로 200억 이상의 벌금을 물게 되었다. 국내에서도 법원이 리복을 포함한 국내외 5개 정도의 브랜드에 벌금과 경고를 명했다. 이런 이슈를 놓칠 리 없는 국내 미디어도 바로 관련 기사를 대대적으로 보도했다. 그런데 어쩐 일인지 얼마 지나지 않아 아무 일도 없었다는 듯 미디어가 잠잠해졌다.

그 시점에 나이키는 연일 소비자 불만 사항으로 미디어에 계속 오르내리고 있었고 노스페이스 역시 미디어와 전쟁을 벌이고 있었다. 미디어는 끝없이 상처 난 곳을 헤집고 공격하고 있었다. 그런데 왜 리복 기사는 사라진 걸까? 그 해답은 내 상사한테 있었다. 그 상사의 오래되고 탄탄한 네트워크 때문이었다. 미디어가 기사를 쓰지 못하도록 돈을 써서 막았다는 것이 아니라 기사를 내되 최소화하도록 도움을 요청할 수 있을 정도로 평소 미디어 쪽을 관리해온 것이다.

그분의 사용 설명서의 핵심은 이거였다. 평소에 부지런히 주요한 사람들과 인맥을 쌓으라. 이 설명서를 읽고 나서 나는 더 부지런히 행사에 나가고 더 많은 사람을 소개받는 데 시간을 쏟았다. 수백만 원이 드는 모임에도 참여했다. 그런데 이렇게 만든 네트워크는 그때뿐 아니라 기업 컨설팅 일을 하는 지금까지도 큰 힘을 발휘하고 있다.

3. 지켜야 할 것과 변화해야 할 것

25년 지기로 첫 직장 2년 선배인 씰리코리아컴퍼니의 윤종효 대표는 지금까지 100년 넘는 역사를 자랑하는 회사만 세 곳을 다닌 베테랑이다. 영업사원이던 시절부터 그의 도전 역사를 누구보다 가까이서 보아왔다. 현재 씰리코리아에서 대표 경력만 11년째인 그에게는 외부 환경에 쉽게 흔들리지 않는 단단함이 있다.

그는 매일 아침 신문과 뉴스를 빠짐없이 챙기고 조찬모임을 통해 여러 정보와 현상을 확인하며 세상의 변화에 눈을 떼지 않는다. 그 사건과 현상이 비즈니스에 어떠한 영향을 미칠지 늘 고민한다. 이러한 습관이 그가 다가올 변화를 예측하고 누구보다 먼저 감지하며, 대처 방안을 찾아 주저함 없이 앞으로 나아가는 힘이다.

코로나(Covid19)는 누구도 예상하지 못한 환경의 변화이고, 재난이다. 개인뿐 아니라 기업에게 큰 위기가 닥친 것이다. 돌발변수에 적응하지 못한 기업은 안타깝게도 회복하기 어려운 정도의 손실을 입었다. 처음 중국에서 코로나가 발생했을 때 윤 대표는 가장 먼저 해외 지사장들과 긴밀하게 소통했다. 각국에서 어떤 피해가 발생했고, 또 거기에 어떻게 대처하고 있는지를 파악했다.

윤 대표는 사회 전반에 걸쳐 급격한 소비 위축이 발생해 기업이 어려움을 겪을 것이라는 것을 예상하면서도 한편으로는 새로운 가능성을 발견했다. 사람들이 이전에 비해 집에 머무는 시간이 많아지면서 주거 및 리빙 공간에 대한 생각이 변화할 것을 예측한 것이다. 그는 지금이야말로 소비자에게 자사 브랜드를 각인시킬 수 있는 기회라는 판단이 들었다. 그래서 대중적인 제품 못지않게 프리미엄 제품의 개발과 판매에 집중해야 한다고 판단했다. 직원들은 코로나로 인한 어려운 시장 상황 등을 고려할 때 대표의 의견에 쉽게 동의할 수 없었다. 하지만 윤 대표는 계속해서 설득하고 독려했다.

씰리는 코로나가 발생한 지 얼마 지나지 않아 프리미엄 매트리스 '엑스퀴짓(Exquisite)'을 출시했다. 우수한 기술력과 소재가 사용된 신제품을 자신 있게 선보였고, 소비자들은 이에 호응했다. 엑스퀴짓은 출시 후, 씰리 브랜딩을 소비자에게 강하게 각인해나가며 매출 증대에 중요한 역할을 하고 있다.

이렇듯 새로운 시도와 변화를 고집 있게 실행하면서도 윤 대표에게는 절대 변하지 않는 원칙이 있다. "Product is King", 즉 "제품이 왕이다"라는 것이다. 제품 품질에 있어서 만큼은 타협하지 않았다. 시대를 빠르게 읽고 누구보다 먼저 변화하면서도 원칙의 선을 넘지 않았다.

윤 대표가 보여준 설명서는 지켜야 할 것과 빠르게 변화해야 할 것에 대한 구분이다. 그의 사용 설명서를 꼼꼼히 읽어본 직원이라면, 어떠한 변화가 다가와도 혼란스러워하지 않고 오히려 앞으로 나아갈 수 있을 것이다. 제대로 된 상사 사용 설명서는 AAA 우량주다.

●●● 변신—합체 로봇

거대한 풍랑은 반드시 거기에서 살아남은 자에게 지혜를 준다. 흰머리가 나고 눈도 침침해져 안경을 썼다 벗었다 반복하는 상사가 앞으로 당신이 겪게 될 문제에 모든 답을 줄 수는 없다. 하지만 함께 고민하고 해결책을 제시할 만한 충분한 지혜를 가지고 있음을 잊지는 말라.

정보의 양 측면에서 보면 젊은 세대들이 훨씬 많이 보유하고 있을 수 있다. 하지만 정보의 양이 많은 것은 그 자체로서는 아무 소용이 없다. 그것을 해석하고 적용할 수 있는 노련한 경험과 지혜가 합체될 때 비로소 최고의 도구가 된다. 변신 로봇이 합체를 통해 더 거대한 힘을 발휘하는 것처럼 말이다.

요즘 글로벌 기업들이 실험하고 있는 것이 있다. 어떻게 창의적인 신세대와 노련하고 지혜로운 구세대를 연결해서 최적의 성과를 낼 수 있을까 하는 것이다. 창의적이고 놀라운 정보로 무장한 젊은 세대가 가장 생산적인 방향으로 갈 수 있도록 길을 터주는 방법을 연구하고 있는 것이다. 그런데 생각해보라. 이런 결정을 내린 것은 신세대가 아닌 구세대이다. 바로 당신의 상사인 것이다.

이미 들어본 사람도 많을 것이다. 이런 방식을 선택해서 탁월한 성장을 이뤄낸 기업이 글로벌 프리미엄 패션 브랜드 구찌이다. 구찌의 '리버스 멘토링(reverse mentoring)'이 바로 그 좋은 예다. 구찌는 2012년부터 2014년까지 약 3년간 매출이 정체되고 영업이익이 급감하는 위기를 맞았다. 창사 이래 최대 위기로 일컬어졌다. 구찌는 오직 중장년층에게 집중해 있었고 20~30대가 명품 패션의 소비자가 되고 있는 변화를 제때 파악하지 못한 결과였다. 구찌가 이런 어려움을 딛고 다시 도약을 이룬 데는 젊은 직원들로 이루어진 '그림자위원회(shadow board)'의 덕이 크다고 한다. 젊은 소비자의 욕구를 파악하기 위해 밀레니얼 세대 직원으로 구성된 위원회를 만든 것이다. 이들 위원회의 젊은 직원들은 주기적으로 경영진을 만나 의견을 전달했다.

이처럼 리버스 멘토링은 통상적으로 알려진 멘토-멘티와 달리, 젊은 직원이 멘토가 되고 경영진 또는 상사가 멘티가 된다. 멘토는 내부 직원뿐 아니라 외부 인사가 될 수도 있다. 회사 입장에서는 자연스럽게 젊은 세대의 주요 이슈와 변화하는 사회상을 파악할 수 있게 된다. 세대 간의 소통이 활발해져 갈등을 줄일 뿐 아니라 업무 효율도 증가하게 되는 것이다. 무엇보다 중요한 것, 상사들은 이 과정을 통해 젊은 세대의 성장을 돕고 있는 것이다.

상사를 부지런히 관찰하라. 그리고 상사가 가장 지혜로운 결정을 할 수 있도록 당신이 가진 멋진 정보와 창의적 아이디어를 부지런히 전달하라.

'상사 사용 설명서'는 바로
여러분의 '성장 매뉴얼'이다.

오직 나를 위한
팀장 사용 설명서

●●● '상사'라는 그 이름에 관하여

당신이 꼰대, 라떼라고 치부하는 상사가 당신에게 멋진 도움을 줄 수 있다는 사실을 알고 있는가? 그 상사가 혼자서는 쉽사리 가지 못하는 영역까지 나를 데리고 갈 수 있는 핵심이 된다는 사실을 알고 있는가?

시대를 막론하고 상사라고 하면 호의적인 생각이 들기보다는 그 반대의 경우가 많은 것이 사실이다. 지금 상사가 된 이들이 사원이던 시절에도 상사는 늘 못마땅한 존재였다. 상사는 기본적으로 우리에게 명령하고 과제를 던져

주고 평가하는 존재다. 쉽게 말해 일을 시키고 결과를 요구한다. 원하는 결과가 나오지 않으면 야단치고 징계를 내리기도 한다. 그런데 이렇게 원색적으로 상사를 정의하면 참 답답한 생각만 들 뿐이다.

과거의 상사들은 직원을 성장시키는 섬세하고 체계적인 리더십을 배울 기회를 얻지 못했다. 늘 생존, 성장, 확장의 키워드를 머릿속에 탑재한 채 살아왔다.

하지만 시대가 바뀌면서 일 중심에서 사람 중심으로 사회적 관점이 변하고 있다. 젊은 세대들이 자기 생각을 가감없이 말하기 시작하면서 상사들은 궁지에 몰린 형국이다. 상사들은 꼰대나 라떼라는 이름으로 제쳐두는 존재처럼 되어버렸다. 젊은 세대 중에는 진정한 상사의 참맛을 경험할 기회도 가지지 못한 채 혼자 좌충우돌하는 이가 많다. 한편 이렇게 항변하는 분도 있을 것이다. 과연 상사가 무엇을 해줄 수 있다고 그런 말을 하느냐고 말이다. 이제부터 당신의 상사가 무엇을 해줄 수 있는지를 설명해드리겠다.

우선 조직의 상사는 단순히 일을 시키고 결과를 받는 사람이 아니다. 그들이 가장 신경 쓰는 영역 가운데 하나는 직원의 성장이다. 정확히 말하면 현재의 내 자리를 물려줄 수 있는 사람을 확보하는 일이다. 그러기 위해 상사

는 일단 직원의 성장을 도와야 한다. 또 상사는 나를 위해서 싸워주고 대변해주는 사람이다. 과거 경험에 비춰 이야기를 정리해보았다.

●●● 상사가 나를 위해 싸우게 하라

상황

대동소이하겠지만 대부분의 회사에서는 매년 11월 말에서 12월 초에 인사고과가 진행된다. 회사마다 방식에는 차이가 있겠지만 아디다스에서는 임원과 부장이 함께 모여서 직원들의 인사고과를 결정했다. 부장 재직 시절 이야기다. 같은 부장급이 총 7명이 있었고 위로 임원 한 분이 있었다. 고과를 어떻게 줄 것인가를 두고 정말 치열하게 토론한다. 그런데 보통 고과라고 하면 대상 직원의 성과가 핵심 논의 대상이 될 것 같지만, 실제 상황에서는 그 직원의 태도 문제를 더 중요하게 따지는 경우가 많다. 일도 잘했는데 태도까지 좋다는 평가를 받았다면 참석자들의 큰 이견 없이 높은 고과를 받게 될 것이다. 하지만 일에서는 탁월한 성과를 냈지만 태도가 나쁘다라는 평가를 받게 되면 좋은 고과를 받기는 쉽지 않다. 생각해보면 요즘처럼 저성장기에는 계속해서 높은 성과를 내는 사람은 흔치 않다. 그러면 그 사람 평가에서 가장 중요하게 작용하는 것이 무엇이겠는가.

나의 태도

내가 평소에 어떤 모습을 보였느냐가 매우 중요하다. 상사의 생각을 읽고 함께 목표를 향해 나아가는 자세를 얼마나 자주 보여주었는가? 조직이 쉽지 않은 목표를 내려주었을 때 상사에게 어떤 반응을 보였는가? 새로운 도전 영역에 자원할 사람을 찾을 때 제일 먼저 손을 든 사람인가? 굳이 워라밸의 시대에 먼저 손 들고 나서서 고생을 자처할 필요가 뭐가 있는가, 라고 생각할지도 모르겠다. 하지만 명심하라. 이건 세대의 문제가 결코 아니다. 386세대도 X세대도 새로운 도전을 반기고 추가로 주어지는 목표를 달가워하지 않았다. 태도는 단순히 직장생활과만 관련되는 문제가 아니다. 인생 전반의 삶을 결정하는 중요한 포인트다.

상사의 행동

바로 내가 어떤 자세를 보여주었느냐에 따라서 상사의

행동은 확연하게 달라진다. 누구도 원치 않는 것을 해보겠다고 도전하는 직원이라면 상사는 어떻게 할까. 비록 '내 새끼만 감싼다'고 핀잔을 들을지언정 좋은 점수를 주기 위해 애써준다. 상황에 따라서는 적극적인 투쟁도 불사한다. 상사가 나를 위해서 싸워주는 것은 매우 중요한 일이다. 예를 들어 인사고과에서 S(심하게 초과달성)나 A(초과달성)를 두 번 연속 받게 되면 B(달성) 혹은 C(미달)를 받은 사람과는, (회사마다 다를 수 있겠지만) 연봉에서 1000만 원 이상의 격차가 날 수 있다. 보너스까지 연동된다고 보면 그 이상의 차이가 날 것이다. 이런 상황이 여러 번 반복되면 고생스럽게 이직해서 연봉을 올리는 이보다 훨씬 나은 대우를 받게 되는 것이다. 꼭 기억하라. S와 A를 결정하는 요인이 당신의 성과만은 아니라는 사실이다. 좋은 고과를 연속해서 받는 것은 진급에도 상당한 영향을 미친다. 같이 입사한 동기보다 훨씬 일찍 위로 오를 수 있다. 짧게는 5년 정도면 충분히 그런 상황을 맞이할 수 있다. 입사 동기끼리 어색한 사이가 될 수도 있을 것이다. 하지만 어떻게 하겠는가. 조직의 생리가 그러한 것을.

●●● 상사의 고민 파트너가 되어라

상황

조직에서는 우리가 모르는 새로운 기회들이 계속 생겨난다. 새로운 팀이 생겨나고 그 팀을 이끌 리더가 새로 필요해진다. 그 자리에 맞는 사람을 찾아야 한다.

나의 태도

조직의 임원은 항상 위아래의 압박을 동시에 받는 외로운 존재이다. 사실 팀장만 되어도 이런 것을 조금은 느낄 수 있다. 직급이 올라갈수록 그 체감은 더 깊어질 것이다. 나는 과거 다른 부장들이 전혀 돌아보지 않는 상사의 점심 파트너가 되어주고 기꺼이 고민을 들어주었다. 이상하게 들으면 아부나 막무가내의 충성이라고 생각할지도 모른다. 그 결과 나에게 무슨 일이 일어났을까?

상사의 행동

회사는 제한된 연봉 인상 폭 속에서 상사의 의지에 따라 몇 명 정도에게는 더 좋은 인상 폭을 적용해줄 수도 있다. 또 상사는 여러 명의 부장 중에서 임원 교육 대상자에 나를 우선으로 포함해줄 수 있다. 지금에 와서 고백하는 것이지만 과거 나의 상사는 휘하에 많은 부장 중에서도 가장 본인을 좋은 태도로 대한 나를 특별 대우해주었다. 금액을 밝힐 수는 없지만 많은 보너스를 받기도 했다.

●●● 기본기 다섯, 필살기 하나

내가 진행하는 기업교육 중에 이런 내용과 관련된 'CEO 되는 법'이란 강의가 있다. 나는 조직에서 최상단, 임원 이상의 자리에 올라가기 위해서는 다섯 가지 기본기와 한 가지의 필살기를 장착할 것을 요구한다. 다섯 가지 기본기는 다음과 같다.

1. 공감적 대인관계 기술(stop, look, listen. 나의 전작 『70년대생이 운다』에서 매우 중요하게 다룬 주제이다)
2. 좋은 질문 던지기
3. 발표 역량 강화
4. 빗진 마음 주기(앞에서 설명했다)
5. 영어 공부하기(우린 수출 의존국이다)

그리고 여기에 더해, 마지막 한 가지의 필살기는 바로 '상사에게 아부하라'이다. 이 말을 하면 참석자들은 순간 당혹스러워한다. '무슨 쌍팔년도 이야기'를 하는 거냐고 어이없는 눈빛을 보이지만 나는 그런 생각이 꽃을 피우기 전에 바로 이야기를 이어나간다.

> "제가 말하는 아부라는 것이 무슨 뜻일까요? 아부는 여러분들이 전통적으로 생각하는 그런 것이 아닙니다. 예를 들어서, 넥타이가 멋지시네요, 헤어스타일이 대단하십니다, 오늘 발표 너무 잘하셨어요, 영업부에 한 방 제대로 먹이셨어요, 같은 귀에 듣기 좋은 이야기를 하라는 것이 아닙니다. 과거 드라마에 자주 등장했던 능력도 없이 자기 자리를 지키기 위해서 상사의 방울처럼 언제나 원할 때마다 좋은 이야기를 하는 딸랑이가 되라는 말이 결코 아닙니다.
>
> 상사에게 아부한다는 것은, 내 상사의 외로움을 이해하는 것입니다. 상사가 받는 스트레스가 얼마나 많은지를 이해하고 공감해주는 것입니다. 그런데 아부 중에 가장 큰 아부는 무엇일까요? 그것은 상사가 시키는 일만 하는 수준에서 머물지 않고 어떻게 하면 내 상사가 더 돋보일까를 생각하는 것입니다."

요즘 젊은 세대들은 상사나 회사를 거래 관계로 생각하는 경향이 많은 것 같다. 정확히 요구받은 일만 하고 자신에게 도움이 되지 않는다고 판단되는 일은 단호하게 거부한다고 푸념하는 '라떼' 선배들의 한탄이 들린다. 최소한 손해 볼 일은 없으니 한번쯤 상사의 지시 이상으로 더 멋진 결과를 낼 방법은 없는 것인지 고민하고 자신의 생각을 제시해보면 어떨까? 상사도 매일 외로움과 싸우고 있다는 것을 이해하고 상사를 위해 내가 일로써 방패가 되어주는 성의를 보이면 어떨까? 분명 상사는 내가 한 노력보다 훨씬 더 큰 대가를 지급할 것이다.

상사에게 보여주는 작은 정성 하나하나가 장차 내 미래를 어떻게 바꿀 수 있을까를 생각해보길 바란다.

직장에서는 상사 없이는
도저히 다다를 수 없는 영역이 있다.
상사와 손잡고 배틀그라운드를 누벼라.

상사 칭찬의 노하우

●●● 칭찬은 질량보존의 법칙을 따른다

칭찬은 박사원, 박대리, 박과장, 박차장, 박부장, 박대표 모두를 춤추게 했다. 고래만 춤추게 하는 것은 아니다. 아마 지구상 모든 존재를 춤추게 할 거라는 데에 한 표를 던진다. 이렇게 상대를 행복하게 만드는 칭찬은 나로부터 출발해 상대에게서 끝나는 소모성 행동이 아니다. 제대로 한 칭찬은 프랑스 화학자 앙투안 라부아지에가 1774년에 세운 인간계에서는 화학 반응이 일어나도 질량의 변화가 없다는 질량 보존의 법칙을 따른다. 더 나아가 제대로 하면 첫 질량보다 더 늘어난다고 볼 수 있다. 질량 증가의 법칙을 새로 정립하는 것이 새로운 시대에는 더 맞을 듯하다.

●●● 칭찬의 이분법

칭찬은 상대에 따라서 360도의 방향성을 가진다. 동료에게 하는 수평적 칭찬, 아랫사람에게 하는 하향적 칭찬, 그리고 여기서 다루고자 하는 상향적 칭찬이 있다. 그러니까 자기보다 윗사람을 향해 칭찬을 하는 방법이다. 수평적 칭찬과 하향적 칭찬은 비교적 쉽게 할 수 있다. 그냥 보이는 그대로 하면 된다. 마음을 살짝 실어주는 건 당연하다. 다음은 보통 칭찬할 때의 모습일 것이다.

1. 겉으로 보이는 것을 칭찬한다.
2. 내가 아는 만큼만 칭찬할 수 있다.
3. 때론 남발한다. 영혼 없이. (일을 계속 시키려고 하는 꼼수는 들킨다.)

예를 들어보자.

정말 잘했네! 시간도 딱 맞추고. 내 맘에 쏙 드네.

어쩜 이렇게 발표를 잘해.

항상 든든하단 말이야. 앞으로도 잘 부탁해.

박대리 없으면 회사가 어찌 돌아갈까 걱정돼.

신발 이쁘네! 어디서 샀어?

어쩜 그리 정보가 많아. 그 많은 맛집 정보를 말이야.

그렇다면 상향적 칭찬은 어떤 게 다를까?

1. 속에 있는 것을 칭찬한다.
2. 내 수준 이상임을 고백한다.
3. 정말 필요하다면 영혼까지 끌어모아 한다.

상향적 칭찬은 미리 준비되고 극도로 절제되어야 하며 예의를 갖추는 것이 중요하다.

예를 들어보자.

상사가 멋진 옷을 입고 왔을 경우

이때는 눈에 보이는 옷을 칭찬하는 것이 아니라 그 의상을 고른 감각의 탁월함을 칭찬해야 한다. 즉 이런 감각은 어디서 배울 수 있나요? 정말 닮고 싶다고 해야 한다.

상사가 멋진 성과를 냈을 때

일을 잘하셨네요! 가 아니라 저도 이렇게 멋진 결과를 만들어내고 싶어요. 더 많이 배우고 싶다고 말한다.

상사가 프레젠테이션을 잘했을 때

관중이 아주 완벽히 집중하고 반응도 좋았어요, 대신에 어떻게 이런 피티 역량을 갖게 되신 건가요? 저도 좀 배우고 싶습니다, 언제 한번 리허설 때 피드백 부탁드리고 싶습니다, 라고 하는 것이 보다 효과적이다.

손발이 심하게 오그라들었는가? 하지만 멋진 관계는 그냥 만들어지는 것이 아니다. 세심한 투자가 필요하다. 아랫사람을 대하듯 칭찬하면 오히려 역효과가 날 수 있다.

왜 상사들은 자기를 치켜세우는 것을 좋아할까? 이상하다고 생각하지 않기를 바란다. 성공의 보수는 두 가지다. 금전과 인정이다. 이는 사실 나이와 무관하다. 모든 인간 욕구의 문제다. 하지만 상사에게는 원색적 칭찬보다는 보이지 않는 숨은 노력과 땀에 대한 예를 갖추는 것이 나에게 유리하다. 그들의 사회적 지위에 맞는 존중의 표시를 하면 된다.

도를 넘어서 역효과를 내지 않도록 경계하라. 그리고 없는 것을 지어내지 말 것. 내 마음이 진정 동할 때 과하게 칭찬하는 것이 좋다.

칭찬은 고래가 나를 등에 태우게 만드는 기술이다.
망망대해를 헤엄쳐야 하는 험난한 조직에서
든든한 후원자를 얻는 고도의 기술이다.

나를
방어하는
8가지 방법

●●● 주변은 당신을 늘 모니터링하고 있다

학창 시절 수업 시간, 몰래 딴짓을 해도 선생님은 모르겠지 생각하지만, 정말 다 보인다. 직장에서도 몰래몰래 안 들키고 주식 하고 온라인 구매하고 메신저를 하고 있다고 생각하지만 사실 상사는 다 보고 있다. 그냥 앞만 보고 걸어가는 듯 보이지만 상사는 당신을 매우 빠른 속도로 스캔하고 있다. 오랜 경험으로 몸의 각도, 발걸음, 눈빛만 봐도 감지되는 것들이 있다.

기업 강의나 차세대 리더 코칭에서 이런 이야기를 많

이 한다. 회사나 내 일을 좋아하는 사람은 그 걸음도 가볍다고 말이다. 이건 마치 연애와 비슷하다. 연애할 때 상대를 만나러 가는 발걸음이 얼마나 빠르고 경쾌한가. 머리끝에서 발끝까지 어느 하나 부족하지 않도록 혼신의 힘을 기울이지 않는가! 회사는 사람이 아니니 1 대 1로 비교하기가 어려운 건 안다. 그런데 사람이 사람에 대해서만 사랑에 빠지는 것이 아니다. 얼음장 같은 바다에서 파도에 몸을 맡기는 서퍼들은 파도와 사랑에 빠진다. 누군가는 모두가 최대한 멀리하고 싶어 하는 일과 사랑에 빠지기도 한다. 일을 대하는 모습에 빈틈을 보이지 않기를 바란다.

줌으로 강의나 수업을 해도, 수백 명을 대상으로 하는 수업에서도 그들의 움직임이 보인다. 하물며 20~30명 정도를 대상으로 하는 강의라면 한 명 한 명이 다 보인다. 누가 수업을 열심히 듣는지 딴짓을 하는지 그냥 보인다. 인간의 눈은 생각보다 정밀하고 시야는 넓다.

●●● 역량은 '지식 + 지혜'임을 기억하라!

젊은이들은 점점 기성세대의 말을 듣지 않는다. 많은 정보를 더 빠르게 접하고 있다 보니 그런 것들이 상대적으로 부

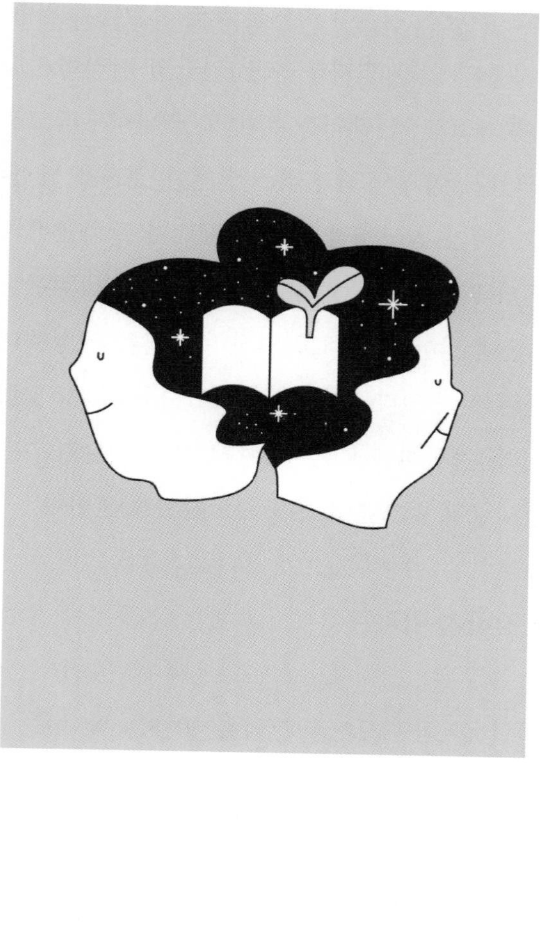

족한 선배들이 쉬워 보이기도 하고 우스워 보이기도 한다. 여기서 후배 세대들이 간과해서는 안 되는 것이 있다. 단순 지식은 내 역량의 100퍼센트를 구성하는 요소가 아니라는 사실이다. 역량은 지식과 지혜를 모두 포함한 값이다.
뇌과학자들의 연구 결과를 보면 인간의 기억력은 20대에 최고조에 이르고, 판단력은 40대가 넘어서면 최고조에 달한다고 한다. 여기서 판단력은 현명한 결정을 말한다. 즉 지식과 지혜가 최고조를 이루는 세대가 조화롭게 어울릴 때 조직의 역량이 극대화될 수 있는 것이다. 젊은 세대가 SNS를 통해 알아낸 지식도 엉터리가 많듯 기성세대의 지혜도 틀린 것이 있다. 무조건적으로 수용하라고 말하는 것이 아니다. 찬찬히 서로를 들여다보면서 서로가 가진 것들을 드러내놓고 필요한 것들을 주고받았으면 한다.

●●● 척하지 마라!

내가 만난 한 공공기관 팀장님은 괜찮은 척, 아는 척하는 직원이 마음에 들지 않는다고 한다. 자신의 정확한 상태를 말하지 않고 그 순간을 그냥 모면하거나 지나치는 직원이 싫다는 것이다. 그런 직원일수록 문제가 발생했을 때 사고를 수습하지 못하고 조직에 큰 피해를 주며, 책임을 모면하기 위해 상사 뒷담화를 하고 다닌다는 것이다.

군대 시절 고참이 지시한 것을 제대로 이해하지 못하고도 그냥 아는 척을 했다가 된통 혼난 적이 있다. 모른다고 말하기가 싫었고 또 내 나름으로는 이해했다고 생각했는데 실상은 그게 아니었다. 내가 아는 척하는 바람에 고참은 잘할 것이라고 믿었던 것이다. 믿은 만큼 실망이 크다고 했던가.

제대로 알아야 하고, 아는 것과 모르는 것을 분명히 표현하는 것이 중요하다. 성과를 떠나서 상호 간에 신뢰를 쌓는 좋은 방식이기도 하다. 눈치가 보여서, 어려워서란 이유로 앞에서는 말하지 않고 뒤에서 불만의 형태로 표현하게 되면 오히려 더 큰 문제에 봉착할 수 있다. 솔직한 세대의 모습을 업무에서도 보여주라. 예의까지 곁들이면 금상첨화.

●●● 손절하지 마라! 그냥 곁에 두라!

이 말을 하면서 사실 나도 살짝 뜨끔했다. 살면서 손절한 사람들이 떠올랐다. 약속 장소에 거의 다 와 가는 시점에 어디냐고 물었는데 "아직 지방이다"라고 한 사람을 뒤도 돌아보지 않고 손절한 적이 있다. 즉시 그의 전화번호를 차단했다. 보통의 사람들은 어떤 약속을 하면 그 약속을 위해 나머지 일정을 조정한다. 그 기회비용을 내는 상대를 존중하지 않고 심지어 미안해하지도 않는 사람들을 보면 정말 화가 난다. 나도 안다. 피치 못할 사정이란 것도 존재한다는 것을. 나 역시 약속에 늦기도 하고 부득이 닥쳐서 변경할 때도 있다. 하지만 그럴 때는 최선을 다해 사과하고 양해를 구해야 한다.

그렇다고 할지라도 사람을 단번에 끊어내버리는 습관은 좋지 않다. 사람의 관계는 그 시간이 지나 어떻게 재설정될지 알 수 없다. 좁은 사회에서 관계의 손절은 손실이 될 가능성을 배제할 수 없다. 그리고 독하게 끊어내거나 나쁘게 마무리한 결과는 나에게도 상처가 된다.

손절(unfriend)보다는 언팔(unfollow) 정도가 좋겠다. 예측 불가한 시대에 나의 편이 하나라도 더 있으면 분명 득이 된다. 한국 사회는 무척 좁다. 그리고 글로벌조차도 이젠 하나로 연결되어 있다. 짜증을 낼 일이 아니라 역으로 활용하라.

●●● 하향 평준화의 시대, 빛나기가 더 쉽다

너도나도 워라밸을 외치다 보니 이것이 유행이 되어 우리 생각을 이상한 방향으로 유도한다. 퇴근 시간 이후에 회사에 있는 사람을 이상하게 여긴다. 왜 그렇게 유난스럽게 구냐고 뒷담화의 대상이 될 정도가 되고 있다. 회사에서 열심히 일하는 것도 눈치를 봐야 할 판이다.

나는 결코 회사에 목숨 걸라는 이상한 소리를 하고 싶은 것이 아니다. 다만 이런 시대는 더할 나위 없이 좋은 기회일 수 있음을 알아차리라고 말해주고 싶다. 주목받는 것이 이전 세대보다 훨씬 쉬워졌다.

356일 일하면서도 항상 즐거워했던 일 덕후였던 나도, 지금은 그렇게 일해야 한다고 생각하지 않는다. 일은 분명 삶의 일부고, 분리할 수 없는 중요한 부분이다. 하지만 직장의 일 외에도 삶을 더 풍요롭고 만족스럽게 만들 수 있는 것들은 얼마든지 있다. 나는 그걸 잘 몰랐고 찾아보지 못했을 뿐이다. 또 그 시절의 우리 세대는 나처럼 일하는 것을 어리석다는 시선으로 바라보지 않았다.

'조금만 더' 시간이나 열정을 더해도 빛날 수 있는 시대이다. 조금만 더는 분명 양과 질 둘 다를 말하지만, 후자에 조금 더 집중하길 바란다. 무엇이 '질'인지는 자신에게 묻기보다는 선배들에게 부지런히 물어보라.

●●● 직장에서 거래하지 마라!

뭘 해도 거래를 하는 것 같은 느낌을 주는 직원들이 있다. 직원들은 잘 모르지만, 조직이 나에게 쓰는 비용은 매달 기준으로 내 급여의 1.3배에서 많게는 2배에 달한다. 연봉이 5천이면 7천 정도의 유지 비용이 든다는 이야기다. 이상하게 들릴 수도 있겠지만, 흔히 내가 월급 받는 만큼만 일하겠다는 것은 조직의 관점에서 분명 불공정한 거래다. 손해 보는 장사가 되는 것이다.

한 명의 조종사를 양성하기 위해서는 막대한 비용이 든다고 한다. 그래서 일찌감치 미 공군은 비상시 비행기를 버리라고 말했다. 비행기가 아무리 비싸도 조종사 한 명을 양성하는 데 드는 비용이 훨씬 크니까. 어찌 보면 공군도 남는 장사가 결코 아니다. 일반 조직도 이와 같다. 1.3배에서 2배라고 말했지만 좀 더 들여다보면 이보다 더 큰 비용을 지불하고 있다.

그런데 받는 만큼만 일하겠다고 외치면 경영자들은 정

말 섭섭하다. 그리고 정말 당신은 받는 만큼의 몫을 정당하게 해내고 있는가?

●●● 넘지 말아야 할 선을 파악하라!

90년대생이 조직에 합류한 지 평균 7년 정도 지났다. 아직 사회에 나올 90년대생이 많이 남았다는 이야기다. 세대 갈등이란 이름이 본격적으로 거론된 것도 불과 지난 몇 년의 일이지만 직장을 15년 20년씩 다닌 조직의 상사들이 마음을 많이 다쳤다. 70년생이 53세가 되었고 79년생도 40을 넘어섰다. 70년대생의 조직 내 평균 근무 연수가 15년을 넘어섰다. 오래 다녀서 단단해진 줄 알았지만 새로운 세대를 만나 여지없이 균형이 무너진다. 부족한 리더십의 문제도 있겠지만 그들의 입에서 이제 함부로 인연을 맺고 싶지 않다는 이야기가 나온다. 마음을 닫고 있다. 분명 누군가가 선을 넘고 있다는 이야기이다.

지식으로 관계를 쌓고 다져나가는 것이 익숙한 세대를 보면서 시간, 정, 그리고 지혜로 관계를 쌓아온 세대는 복잡한 심경을 금할 수가 없다. 옳고 그름의 문제는 아니다. 새로운 시대에는 관계의 형태도 변해야 한다. 서로가 타협

할 수 없다는 관점을 고수하면 더 나은 관계로 나아갈 수 없다. 서로의 성장을 돕는 것이 아니라 저해하는 장애 요소가 될 것이다. 넘지 말아야 할 선과 넘어야 할 선에 대한 구분이 필요하다.

●●● 기꺼이 추천해주고 싶은 직원이 되라!

교수님, 수업 듣는 학생 중에 우리 회사에 추천할 만한 학생이 없을까요? 대표님, 혹시 대표님 네트워크에 이런 스펙을 가진 사람이 없을까요? 우리 회사에 잘 맞을 만한 인재가 없을까요?

일자리가 없다고들 말한다. 그런데 일할 사람도 없다고 한다. 일을 찾는 사람과 사람을 구하는 곳이 있다면 답이 나와야 하는 비교적 쉬운 산수다. 그런데 답을 구할 수 없다. 어디서부터 어긋나고 있는 건가? 세상이 왜 나 같은 인재를 몰라볼까? 북한산 정상에 올라가서 외쳐보고 싶을 것이다.

생각해보자. 우리가 누구에게든 자신 있게 추천할 수 있는 사람은 지인 중에 몇 명이나 되는가. 지인이 수천 명이라 할지라도 정작 남에게 추천할 만한 사람은 몇 명 되지 않을 것이다. 우리가 추천하는 사람은 어떤 사람인가. 평소 신뢰를 준 사람이다. 역량은 물론이고 그에 걸맞은 태도를 겸비한 사람이라야 추천을 해줄 수 있다. 업무 역량은 누구보다 탁월하지만 태도에 문제가 있어서 주변과 자주 불화하는 사람이라면 결코 추천하지 않을 것이다.

당신은 추천 후보에 당당히 이름을 올리는 사람인가?

'역량'이란 '지식'과 '지혜'의 종합이다.

회사 대표 대상 설문조사

어떤 신입직원을 뽑겠습니까?

●●● 타인의 관점을 부지런히 볼 것

마케팅 광고 홍보 대행사들이 일을 따내기 위해 진행하는 수많은 경쟁 프레젠테이션에서 최종적으로 선택되려면 어떻게 해야 할까? 당연히 의뢰한 고객사의 생각과 바람을 가장 잘 읽고 그에 합당한 계획을 제시한 대행사들이 선택된다. 이것과 달리 고려해야 할 부분이 조금 더 있겠지만 결국 의뢰한 사람의 마음을 읽어내는 능력이 가장 중요하다는 사실은 부인할 수 없다.

현실 직장에서도, 역량이 뛰어나도 경영진의 선택을 받

지 못하면 성장이 더디거나 쉽지 않다. 어린 시절에는 이런 부분을 쉽게 이해하지 못해 좌충우돌한다. 나를 성장시켜줄 경험과 지혜를 가진 인물들을 찾아보았다. 그 대상은 GCCA(Global Companies CEO Association), 이 모임은 자동차 회사부터 반도체, 소비재 회사와 같이 다양한 기업의 대표자들이 회원이다. 회원사 대표들의 협조를 받아서 설문을 진행했고 핵심 내용을 정리해보았다. GCCA 회원들의 일면을 보면 내공도 상당하고 직장생활 경력 평균 25년 이상, 대표이사 경력 평균 5~10년 이상 되는 분이 대부분이다. 외국계 회사뿐 아니라 한국 회사의 경험까지 두루 갖춘 분이 많아서 균형감 있는 의견을 기대할 수 있었다.

이분들에게 세 가지 간단한 질문을 해보았다. 90년대생뿐만 아니라 성장을 꿈꾸는 독자라면 주목해보면 좋겠다. 각색하지 않고 원문을 그대로 옮겼다.

●●● 가장 선호하는 타입의 직원은 누구입니까?

- 본인의 의견을 제대로 표현할 수 있고 하는 일에 자신감을 가지고 실수를 두려워하지 않는 직원
- 긍정적인 사고방식, 훌륭한 태도

- 적극적이고 창의적인 직원
- 비즈니스와 조직 방향성을 잘 이해하고, 팀플레이와 열린 소통을 하는 직원
- 본인의 역량 강화를 위해 노력하는 직원
- 애티튜드(Attitude)가 좋은 직원. 업무 능력은 훈련(training)을 통해 배양할 수 있지만 기본적인 성품은 후천적으로 개선하기가 쉽지 않다
- 성실한 직원
- 팀플레이를 중요시하는 직원
- 스스로 일을 찾아서 하는 직원
- 기업 시민의식(Corporate citizenship)을 실천하는직원

대표들이 공통으로 선호하는 키워드를 뽑아보면 태도, 적극성, 팀플레이가 눈에 띈다. 하지만 여기서도 보이듯 회사마다 대표나 모기업이 원하는 인재상이 조금씩 다를 수 있으니 부지런히 파악해보는 것이 현명하다.

●●● 지금의 자리에 오는 데 가장 중요했던 것은 무엇이었나요?

- 능력, 성과 본연의 임무에 100퍼센트 충실
- 항상 주위에 다가오는 기회를 잘 잡을 수 있도록 준비
- 성실함 및 전문지식
- 본인의 다양한 포지션 및 경력, 역량 및 경험을 축적하고 목표 및 성과 지향적으로 열정적인 몰입
- 내 업무 영역 외의 일도 마다하지 않고 적극적으로 임하는 것이 다양한 역량을 갖추는 데 도움이 되었다
- 성실, 긍정 마인드
- 동료와 팀원들과의 정기적인 터치로 서로의 이해도를 높이고 서로 힘이 되는 언행
- 늘 내가 같이 일하는 동료들과 무엇이 다른가에 대한 고민과 그에 따른 개선 노력
- 어려운 결정과 판단이 필요한 순간 '결대로 치는 것이 맞다'는 의사결정관
- 기업 시민의식, 긍정적 사고방식, 상황 정리 및 해결책

첫 번째 답과는 조금 다르게 표현하고 있지만 잘 살펴

보면 역시 관계와 태도를 중요 요소로 꼽고 있는 것을 볼 수 있다. 다음은 미국 경제 전문 잡지 《포춘》이 기업 대표 500명에게 진행한 설문이다.

> Q. 대표님은 지금의 자리에 어떻게 오셨나요?
>
> A. 처음에는 실력이 중요했지만, 조직의 허리를 넘어서면서부터는 관계를 이용하는 힘이 중요했습니다. 7할 이상이 관계의 힘이었습니다.

GCCA에 속한 대표들은 이미 정상에 오른 것 같은 지금도 많은 사람과 좋은 관계를 다지기 위해서 정기적으로 내외부 네트워크를 열심히 관리하고 있다.

●●● 90년대생 신입 직원에게 바라는 점은 무엇입니까?

- 본인이 하고 싶은 것을 정하기 전 되도록 많은 것을 경험하는 기회를 가질 것
- 전문지식 및 훌륭한 애티튜드 습득
- 전문성 확보

- 열린 마음으로 배우고, 도전정신으로 다양한 경험을 할 수 있도록. 하지만 자신감 넘치는 열정을 보여주기
- 큰 그림에서 내가 하는 일에 대한 이해
- 빠른 학습과 열정적 실행
- 의사 결정 과정에서 자기 의견 개진하고 결정된 것(자기 의견과 다르더라도)에 대한 존중
- 동료 및 선후배에 대한 배려와 존경
- 선배들에게 물어보면서 일 처리, 심지어 개인사까지도 선배 조언 참고하기
- 스스로 직장 경력을 쌓아감에 있어 남들과 다른 차별화 포인트를 만들고 이를 어필할 수 있는 자신감 갖기
- 전문지식 및 훌륭한 태도 습득
- 기업 시민의식
- 본인의 적성 계발 및 양성

역시 태도는 어떤 질문을 하더라도 꼭 답변에 등장하는 중요한 요소이다. 종합적으로 젊은 90년대생들에서 바라는 것은 조직에서 잘 융화될 수 있는 태도를 갖추는 것이라고 볼 수 있겠다. 요즘 여기저기서 세대 갈등에 관한 이야기가 계속 나오는 상황이다 보니 대표들도 긴장이 될 수

밖에 없다. 이런 점들을 미리 숙지하고 있다면 남보다 먼저 유리한 고지를 점하고 직장생활을 시작할 수 있다.

내가 속한 조직이 원하는 것이 무엇인가를
부지런히 물어보라.
'열심히' 말고, '잘하라'는 뜻을 이해하기를.

부록

더 하고 싶었던 이야기들

1. 선배의 이야기라고 하면 내용을 듣기도 전에 잔소리로 치부하거나 그저 과거의 무용담 정도로 대충 들어 넘긴다. 그런데 사실 선배가 지난 경험을 이야기하는 것은, 후배는 자신이 겪은 시행착오를 겪지 않기를 바라는 마음 때문이다. 가끔은 선배의 진심도 알아주길.

2. 성공의 노하우는 성공한 부자에게 물어봐야 옳다. 실패의 이유는 실패한 사람에게 물어봐야 옳다. 하지만 우린 자꾸 성공하지도 실패하지도 못한 주변의 비슷한 사람에게서 지혜를 얻고자 애쓴다. 인터넷 커뮤니티에 성공하지 못한 사람들의 조언이 홍수를 이룬다.

3. 상사가 부하 직원의 운명을 책임진다는 말을 믿는가? 부하 직원은 내 운명이 내 상사에게 달려 있다는 사실을 믿는가? 최소한 함께하는 그 순간만큼은 진실이다. 서로에게 어떤 책임감을 갖는가에 따라 무척 다른 결과를 만들어낸다.

4. 많은 책에서 직원들에게 '왜 일해야 하는지'를 전달하는 것이 중요하다고 말하고 있다. 대의, 신념, 신뢰, 선명한 목적 등이 전달되어야 성과가 나고, 실제 그렇게 한 회사들이 주목할 만한 결과를 만들어냈다고 데이터는 증명하고 있다. 그런데 우리는 이 객관적 사실을 무시한다. 어제도 오늘도 일만 시키고 오늘도 내일도 일만 할 것이다. 딱 그만큼만 이뤄질 것이다.

5. 모든 후회는 뒤늦다. 왜 그때는 삶의 지혜를 무시했던 것일까? 내 속에 내가 너무 많았던 것이다. 내 안에 타인의 것이 들어올 자리가 없었던 것이다.

6. 30대에 난 무척 잘났었다. 하는 일에 성과도 뛰어났고, 회사로부터 인정을 받았고 급여도 많이 받았다. 하지만 한 가지 소중한 것을 놓쳤다. 내가 이룬 성과가 오로지 내 힘으로만 일군 것이라고 믿었던 것이다. 이로 인해 나

는 사람을 많이 잃었다.

7. '자기애'는 지금의 젊은 세대를 대변하는 단어라고 한다. 하지만 지나친 자기애는 세대 갈등의 도화선이 되고 있다. 자기애란 자기에게 좋은 결과를 가져와야 완성되는 것 아닌가? 내가 만들어가는 자기애 충만한 세상이 나한테 얼마나 도움이 되고 있는지 지금 바로 계산을 해보자.

8. 직원과 상사 사이에 서로를 향한 복수심이 백두대간에 번진 산불처럼 타오르고 있다. 마음에 들지 않는다고 서로에게 지른 불이 수십 년을 공들인 산천초목을 태우고 나의 집으로 방향을 바꾸어 오고 있다. 누구의 손해인가? 산을 관리하는 저 위 높은 양반들은 불조심 예방 포스터를 부지런히 붙이라고 다그친다. 액션 퍼스트!!

9. 회사로 출근할 때 싱긋 웃는 얼굴을

한번 연습해보고 들어가자. 나의 맑은 미소를 목격한 누군가에게 다시 긍정의 기운이 스며든다. 좋은 일 있어? 그럼요! 내 미래를 성장시킬 플랫폼으로 출근하는 중이니까요!

10. 싸잡아 욕하지 말라. 너희들은 모두 똑같다고 평가하지 말라. 상사들은 모두 그렇다고 뒷담화 하지 말라. 싸잡아 동급으로 취급하면 빈정상한다. 차라리 이렇게 말해라. "모두 각기 다른 이유로 다 별로다"라고. 기분이 좀 좋아질지도 모른다.

11. 〈인턴〉이란 영화를 보며 부러워한 적이 있다. 열정적인 CEO가 있어서도 아니고, 운이 좋게 채용된 노령의 신사 인턴이 부러운 것도 아니었다. 사내에 마사지사가 있다는 점이었다. 어쩌면 쉴 틈 없이 목표를 향해 달리다 지쳐버린 몸과 마음을 그때그때 풀어주는 마사지사가 조직에 더 필요한 윤활유가 아닐까?

12. 조직에서 관계를 진전시키는 단어는 모두 추상적이다. 열정, 소통, 경청, 공감이 그것이다. 이 말들을 나만의 언어로 다시 써보면 어떨까? 경청을 다시 나의 언어로 다시 쓴다면 이렇게 쓸 수 있을 거 같다. 어르신과 말할 때 노트 가지고 가기. 젊은이들과 말할 때 노트북 덮기.

13. 지방 출신인 나는 서울로 올라올 때 사투리를 고향 서랍 두 번째 칸에 두고 왔다. 어머니가 나중을 위해서 표준말을 쓰라고 당부하신 말씀이 큰 역할을 했다. 사투리가 도움이 되지 않을 것이라 판단하신 거다. 여러분이 가진 것 가운데 도움이 되지 않는 생각과 태도는 무엇인가? 출근 전 내 방 서랍 두 번째 칸에 넣어두고 갈 목록을 작성해보자.

14. 게임처럼 사람들의 머리 위에 기술과 역량 레벨이 표시되면 어떨까. 누굴 어디에 써야 할지 단박에 알 수 있으니 회사 경영진 입

장에서는 매우 유용할 듯하다. 하지만 그것이 잠재적 가능성까지를 표시하지는 못한다. 리더에게는 지켜보는 인내심이라는 역량도 필요하다.

15. 발표 역량 교육에서는 피드백을 받는 것이 무척 중요하다. 나를 객관적으로 확인해볼 수 있기 때문이다. 아파도 들어야 한다. 피드백은 미래에 나쁜 리더가 될 가능성을 줄일 수 있는 강력한 도구가 되기도 한다. 건강을 유지하기 위해 꾸준히 복용하는 종합 비타민이라고 생각하면, 조금 아픈 것도 참을 수 있지 않을까.

16. 상대의 눈을 제대로 보는 연습을 해야 한다. 눈을 피하는 사람을 선호하는 경우는 거의 없다. 눈을 통해 당당함, 열정, 신뢰, 믿음을 전달할 수 있고 더불어 자연스런 경청 모드가 형성되니 일거양득이다. 눈은 상대와 연결되는 중요한 수단이다.

17. 세대가 다르면 생각도 다르니 갈등이 생겨나기 쉽다. 세대가 달라 한참을 싸우던 엄마와 딸이 나이가 들며 다시 친구가 되고 자매가 된다. 서로가 젊었던 시절, 피 터지게 싸우며 문을 열지 않았던 지난날이 후회된다. '라떼' 세대와 '자기애' 세대는 뒤늦은 후회를 하는 일이 없기를.

18. 아무도 없는 사무실에 '일착'으로 들어가보라. 누구도 먼지를 일으키지 않은 그 쾌적한 상태에서 다이어리를 꺼내고 오늘의 할 일을 시간별로 정리해보자. 오롯이 나에게만 집중하는 시간은 반드시 성장을 견인한다. 간신히 출근시간에 맞춰 오자마자 미팅에 들어오는 누군가와는 다른 품격 있는 하루를 보내게 될 것이다. 성실하다는 평은 덤이다.

19. 험담은 달콤하나 발각되면 끔찍하다. 한순간의 달콤함에 내 인생을 걸 것인가? 상사를 욕하는 메일을 해당 상사에게 실수로

보낸 모 직원은 10년 지난 지금까지도 싸가지 없는 친구로 박제되어 회자된다. 카톡이 왜 '메시지 삭제' 기능을 만들었는지 이제 알겠다.

20. 회식이 죽기보다 싫은가? 가끔 맛있는 거 먹자는 사람의 청을 무심하게 저버린 대가는 어쩌면 생각보다 클지도 모른다. 정말 싫은 2~3시간과 정말 원치 않는 2~3년을 바꾸는 거래일지도 모른다(천만 안티가 생겨도 어쩔 수 없다. 난 이 순간은 꼰대다).

21. 성장을 꿈꾸는 밀레니얼 세대여, 여러분 건너편 가까이 앉아 라떼 한 잔 드시는 그분이 키메이커다. 노안도 오고 머리숱도 듬성듬성해지는 그분 맞다. 밥 한 끼 하자고 용기내 다가가보라. 어떤 키를 내놓을 것이다. 아무 키도 안 준다면 나에게 바로 불만을 제기하시라.

22. 소비재 회사는 자사의 제품을 사용함으로 만족하고 기뻐할 소비자를 생각한다.

여기서 꼭 던져봐야 하는 질문이 있다. 많은 사람들을 행복하게 하는 우리는 정작 행복한가? 타인의 행복한 삶에 기여한 나는 왜 행복하지 못한가? 타인에게 전달한 행복을 내 것으로 다시 환원시키는 기술을 고민해볼 때다.

23. '워라밸'이란 말이 한국 직장 사회를 휩쓸었다. 트렌드가 되었고 특히 젊은 세대는 이 말을 무기로 삼아 조직과 리더에게 목소리를 높이기 시작했다. 실제 워라밸이 더 필요한 사람은 평생을 회사에 충성하고 밤낮없이 일했던 나이든 리더인데도, 정작 그들은 침묵하고 있다. 참 아이러니하다.

24. 인생을 고민하고 성장을 고민하는 젊은이들이 부지런히 나를 찾는다. 다가오는 것만도 고맙다. 여러분의 상사도 그럴 것이다. 대신 음침한 얼굴로 다가가면 겁먹는다. 가슴 안주머니에 손도 넣지 마라. ×××가 담긴 봉투, 안 된다.

25. 부장님 말은 항상 녹음해야 된다고 핏대를 올리는 대리나 과장이 있다. 나도 그렇다고 말하는 부장이 있다. 둘 중 한 명은 반드시 거짓말을 한 것이 맞다. 결국 우린 노력하지 않은 대가로 거짓말쟁이와 함께 조직생활을 하고 있다. 해결책은? 1번 녹음기, 2번 ______.

26. 직장 내 괴롭힘 방지법을 이야기하고, 사내 블라인드 게시판, 잡플래닛 등에 읍소하는 젊은 세대에게 말하고 싶다. "지켜주지 못해서 미안해." 조직의 어른들에게 말하고 싶다. "옛날 생각해보시죠. 여러분이 어리바리했던 신입이었을 때." 서로 한 발짝씩만.

27. 군대 시절 이야기다. 중대본부 작전과에 배치됐지만 의미 있는 일이 주어지지 않았다. 난 불만을 제기하기보다는 중요한 일을 해보고 싶다고 당당히 말했다. 그 결과 나는 군 작전 캘린더를 작성하고 배포하는 일을 맡게 되었다. 이병에게 군사기밀이 하달되기 시작

한 것이다.

28. 직장생활 4년 차에 회사의 대표로부터 월드컵팀을 맡으라는 지시가 내려왔다. 회사에서 사활을 건 그 중대한 프로젝트를 말이다. 이유를 물었다. "그때 자네가 했던 프레젠테이션에 감동을 받았어." 그때 깨달았다. 무대에는 함부로 서는 것이 아니라는 것을.

29. 내 말을 잘 들어주길 바란다면 남의 말도 그만큼 잘 들어줘야 공평하다. 생산적 관계는 균형이 이뤄진 상태에서 시작된다. 균형을 바탕으로 신뢰라는 텃밭이 생긴다. 그 텃밭에 사람이 모이고 기회가 자라난다.

30. 차를 타면 출발 전 내비게이션에 정확한 주소를 찍는다. 내가 헤매지 않고 목적지에 갈 수 있도록 인도해준다. 얼마나 많은 직장인이 '목표'란 이름의 주소를 찍고 달리고 있는 걸까? 좌충우돌의 인생도 나름 맛이 있겠지만

덜 충.돌.하고 목적지에 이를 수 있다면 삶이 더 행복하지 않을까? 오늘, 인생 내비게이션에 목표를 찍어보시길.

에필로그

너무 그러지 마라

시대가 바뀌었다. 당신도 바꿔라.
너무 그러지 마라.

언제 올지 모를 임원 결제 받으러
하염없이 기다려본 적이 없다면,
상사 결재 받으러
맥줏집 개고기집 가보지 않았다면,
클라이언트 컨펌받으러
체육대회까지 가보지 않았다면,
사우나에 헐벗은 채로 있어보지 않았다면,
너무 그러지 마라.

시대가 바뀌면 사람도 모두 바뀌어야 한다고,
디지털 모른다고,
코딩 모른다고,
새로운 유행 못 따라온다고,
무능하고 퇴역해야 할 사람이라고,
너무 그러지 마라.

시대가 요구하는 지식 많이 가지고 있다고
대단한 척,
너무 그러지 마라.

앞으로 변화 속도는 더 거칠고 빨라질 텐데,
금방 사람 취급 못 받을 텐데,
너무 그러지 마라.

인간적으로
너무 그러지 마라.

오직
90년대생을 위한
이기적인
팀장 사용 설명서

1판 1쇄 발행 2022년 5월 6일
1판 2쇄 발행 2022년 8월 5일

지은이 박중근

펴낸이 김유열 | 지식콘텐츠센터장 이주희 | 지식출판부장 박혜숙
지식출판부 · 기획 장효순, 최재진 | 마케팅 최은영, 이정호
북매니저 김희선, 윤정아, 이민애

책임편집 정진라 | 디자인 오하라 | 일러스트 우나리 | 인쇄 우진코니티
펴낸곳 한국교육방송공사(EBS)
출판신고 2001년 1월 8일 제2017-000193호
주소 경기도 고양시 일산동구 한류월드로 281
대표전화 1588-1580 홈페이지 www.ebs.co.kr

ISBN 978-89-547-6616-6 03330